AF378120

MON MÉTIER DE PÈRE

Gilles Verdiani

MON MÉTIER DE PÈRE

Pourquoi est-il si compliqué d'élever ses enfants ?

JC Lattès

Collection dirigée par
Laurence de CAMBRONNE

Maquette de couverture : Atelier Didier Thimonier

ISBN : 978-2-7096-3781-7

PRÉAMBULE

Les gens qui n'ont pas d'enfant se moquent souvent de ceux qui en ont, surtout de ceux qui viennent d'en avoir, parce qu'ils ne parlent que de ça. De leurs enfants.

J'ai longtemps fait partie des premiers, puisque j'ai été père pour la première fois à quarante et un ans. Et comme tous les autres célibataires, j'ai pu observer que nombre de mes amis n'avaient plus qu'un seul sujet de conversation dès lors qu'eux-mêmes se multipliaient.

Puis à mon tour je me suis marié et reproduit. Et j'ai compris. J'ai passé des week-ends entiers avec des amis dans la même situation, où les maigres loisirs que nous concédaient nos progénitures étaient consacrés à des discussions maniaques sur les couches, des échanges fiévreux sur les méthodes d'éducation, des comparaisons insidieuses sur les degrés de développement. Pendant au moins quatre ans, j'ai été à peu près incapable de parler d'autre chose que de mes enfants, tant ils occupaient toutes mes pensées, non seulement par les problèmes qu'ils me posaient, mais aussi par l'observation quotidienne de leurs faits et gestes, l'émerveillement devant leurs menues grâces, la fierté devant leurs progrès naturels. Et à présent que je commence à prendre un peu de distance, que je peux me tourner vers d'autres sujets, c'est encore à mes enfants que je vais consacrer un livre. Ou presque : le sujet de ce livre n'est pas exactement les enfants. C'est plutôt les parents. À travers un parent particulier, moi-même.

Oui, c'est vrai, les gens qui ont des enfants ne parlent que de ça les premières années. Il ne faut pas les blâmer, il faut les plaindre. Ils ne parlent que de leurs enfants parce qu'ils ne pensent qu'à ça, et ils ne pensent qu'à ça parce que élever ses enfants est un casse-tête sans fin. Ça ne l'a pas toujours été et ça ne l'est pas partout. Ça l'est ici et maintenant. Ça l'est pour moi. Je savais que de tout temps les parents se sont plaints de leurs enfants lorsque ceux-ci approchaient l'âge de l'émancipation – donc quand ils cessaient d'être des enfants. Mais rien ne m'avait préparé à ce que leurs tout premiers pas dans la vie doivent piétiner impitoyablement la mienne. Et pourtant j'ai eu la chance d'affronter ce casse-tête dans les meilleures conditions matérielles : mon épouse et moi-même travaillons à la maison, et nous avons pu engager une assistante maternelle, puis confier nos rejetons à une crèche. Nul doute que pour la plupart des autres parents, moins bien lotis que nous, la vie a été rendue bien plus dure par l'arrivée de leurs enfants.

1. Qu'avons-nous fait pour mériter ça ?

Notre fils aîné, Marcello, venait d'avoir trois ans. Son petit frère, Virgile, était né durant l'été. Marcello était entré dans la carrière d'opposant systématique depuis six longs mois, à l'âge de deux ans et demi, c'est-à-dire précocement. Et depuis six mois je m'épuisais à résister à sa résistance, à résister à l'envie de le fesser, à résister à la tristesse de voir un petit garçon si gentil, si câlin, si ouvert se transformer en odieux personnage. Ma femme, Claire, et moi ne parlions plus que de cela : que faire pour que notre enfant accepte sans regimber de manger, de se laver, de s'habiller ? Tantôt nous imaginions des stratégies, nous peaufinions des attitudes. Tantôt, bien sûr, nous nous reprochions d'être trop exigeants ou pas assez ou trop souples ou pas assez ou trop émotifs ou pas assez rigoureux.

Auparavant, pendant ses deux premières années, Marcello s'était réveillé *toutes* les nuits, et nous avions été plongés dans les mêmes abîmes de perplexité : se lever ? le laisser pleurer ? combien de temps ? dormir avec lui ? surtout pas ? le coucher plus tôt ? plus tard ? laisser faire et attendre que ça s'arrange tout seul ? consulter ? mais qui ? un psychanalyste ? un pédiatre ? un homéopathe ? un ostéopathe ? Dans le doute nous avions tout essayé, sans obtenir de résultats qui aient duré plus d'une semaine.

Les réveils nocturnes commençaient à peine à s'espacer que la vie diurne devint donc un enfer. Si bien que, en trois ans, l'arrivée dans notre vie de cet enfant, que nous adorions, qui nous avait par ailleurs comblés de satisfaction (par ordre alphabétique : aimant, beau, intelligent, sociable) et épargné les soucis les plus graves (aucun handicap, jamais malade, jamais enlevé ni assassiné), avait aussi été une source ininterrompue de dilemmes, d'échecs, de tensions. Aucune autre expérience de l'existence ne m'avait causé autant de souffrance morale. Ma vie sentimentale n'avait pas toujours été simple, ma vie professionnelle avait connu des hauts et des bas, mais les jours sombres du passé me semblaient vallée de miel à côté de ce cauchemar sans fin. Une femme qui ne vous aime pas, on peut s'en détourner. Une réussite qui vous fuit, on peut changer d'orientation. Mais des enfants qui ont décidé de vous pourrir la vie, ça ressemble à vingt ans de bagne incompressibles.

C'est pendant cette sombre période qu'une chatte sauvage, qui avait élu domicile sur notre propriété, accoucha dans le garage (des œuvres de son propre frère, passons, ces gens-là ne sont pas comme nous). Elle vécut dès lors avec ses trois petits aux abords immédiats de la maison. Et je l'observais. Entre elle, allongée sur le flanc dans la tiédeur du soleil, et sa portée qui flânait autour, les rapports semblaient si simples. De temps à autre, rarement et un peu arbitrairement, un brusque coup de patte maternel calmait les ardeurs d'une bagarre, ramenait un aventurier dans le cercle ou faisait taire un braillard trop pénible. Et je pensais : cette chatte, dont c'est pourtant la toute première portée, ne se pose jamais la moindre question, bien sûr. Elle n'a jamais à trancher le moindre dilemme, à résoudre le moindre problème. Tout son comportement avec ses chatons est régi par l'instinct.

Moi, pour chacune des situations auxquelles la paternité m'avait exposé, j'avais dû me référer à un manuel (ou, le plus souvent, à ma femme qui les avait tous lus) ou à un spécialiste. Même pour savoir comment allaiter, le geste apparemment le plus naturel et le plus ancestral, Claire avait dû s'informer, et pas auprès de sa mère ni de sa grand-mère, mais auprès de diverses professionnelles (qui s'étaient d'ailleurs révélées, pour la plupart, incompétentes). Pratiquement aucun des gestes et des soins qu'il est nécessaire de prodiguer à un bébé pour qu'il survive, puis à un enfant pour qu'il s'intègre à la société humaine, ne s'impose à nous avec l'évidence indiscutable de l'instinct. À vrai dire, il subsiste quelques mouvements spontanés, comme prendre un enfant dans ses bras quand il pleure, le faire dormir près de soi pour veiller sur son sommeil, lui donner le sein quand il le demande, répondre à ses onomatopées par des borborygmes ; mais pour chacun de ces rares réflexes, il existe une théorie éducative qui essaie de nous en dissuader. Pour tout le reste, des marchands, des médias et des médecins ou assimilés nous entourent dès avant la grossesse, pour nous dire quoi faire, à quelle fréquence et avec quel matériel. Tout serait simple si ces recommandations étaient compréhensibles et cohérentes. Mais c'est une feuille de route bourrée de lacunes, d'absurdités et de contradictions que l'on nous remet avant d'embarquer dans ce Paris-Dakar, et qui à chaque carrefour nous indique (au moins) deux directions opposées.

Comment en sommes-nous arrivés là ? Comment avons-nous réussi à transformer l'événement le plus naturel, sans lequel il n'y aurait pas d'espèce humaine, je veux dire l'acte d'enfanter et d'élever ses enfants, en une telle épreuve, en un tel parcours du combattant ? En une telle suite de questions sans réponses, de choix cruciaux et crucifiants, d'affres affolantes ?

C'est ce que je vais tenter de comprendre avec ce livre. Un livre écrit, on voudra bien me le pardonner, par un anthropologue sauvage, un pédo-psychologue de bazar, un philosophe du dimanche. Par un père ordinaire au début du XXIe siècle.

2. Situation de famille

Quand je dis « père ordinaire », j'exagère un peu. Je dois avouer que mon mode de vie n'obéit pas au standard du papa-salarié-urbain : j'ai eu mon premier enfant après quarante ans, et depuis la naissance de notre fils aîné nous avons quitté sans hésitation un petit appartement bruyant à Paris pour une grande maison calme à la campagne, près d'un village normand. Qualité de vie optimale, donc. Mondanité à peu près nulle. Couchés tôt, levés tôt, sieste autorisée.

Mon épouse et moi-même travaillons tous les deux, mais sans quitter notre domicile, ce qui nous épargne les déplacements journaliers, tout en limitant un peu notre horizon. Nous vivons de notre clavier. Claire écrit pour l'édition (des livres, des fiches pédagogiques, des fascicules pour la jeunesse) et pour la communication (des sites Internet, des dépliants, des mailings). Pour ma part, après avoir été critique de films (à *Première* et *TéléCinéObs*) et journaliste (à *Elle*), je partage mon temps depuis 2004 entre un job alimentaire mais agréable (un jour par semaine je rédige les textes pour l'animateur de l'émission *Le Cercle*, et un jeudi sur deux je vais à Paris pour l'enregistrement) et une multitude de scénarios, pièces et livres. La plus connue de mes œuvres, avant celle que vous avez sous les yeux, était sans nul doute *L'Amour dure trois ans*, le film de Frédéric Beigbeder dont j'ai coécrit le scénario. Mais n'allez pas croire que je me la coule douce à la campagne en regardant les écureuils et en torchant mes gosses : depuis juin 2007, naissance de mon premier enfant, j'ai écrit deux livres, deux pièces, quinze synopsis de film ou série, six concepts d'émission pour la télévision ou la radio. Ne cherchez pas sur Google, à peu près rien n'a vu le jour. Mais je les ai écrits.

Autre particularité qui me distingue peut-être de certains parents, je me réveille et rendors facilement la nuit, et je n'ai pas d'énormes besoins de sommeil, au contraire de ma femme qui dort mal et beaucoup. Elle travaille aussi plus que moi (et elle est plus belle, plus intelligente, plus volontaire et plus douée pour beaucoup de choses). J'ai donc assuré la plupart des réveils nocturnes de notre premier enfant, la moitié de ceux du second, je suis le premier levé tous les matins pour m'occuper des deux zozos qui tombent du lit entre 6 et 7 heures, le soir je couche l'aîné et je lui lis son histoire, et, pendant sa première année de maternelle, je me suis occupé de lui tous les mercredis.

Jusqu'à présent, j'ai passé avec mes enfants plus d'heures que leur mère, ce qui n'est probablement pas très courant (sauf chez les veufs, naturellement).

Encore un trait qui classe notre famille dans une minorité : ma femme a allaité l'aîné jusqu'à seize mois, et le cadet, qui a déjà dépassé cet âge, n'a pas encore renoncé au sein maternel (en France, 90 % des enfants ne sont plus allaités au-delà de trois mois). Nos enfants n'ont jamais bu un biberon de leur vie (ils n'aimaient pas ça et leur mère n'a pas beaucoup insisté pour être remplacée, même ponctuellement, par une bouteille de verre et une tétine en plastique). Pour cette raison nous avons engagé une assistante maternelle qui venait chez nous (puisqu'il fallait que les lardons puissent téter). Ils n'ont donc pas connu de garde collective avant quinze mois pour l'aîné et onze pour le cadet, et lorsqu'ils entrèrent à la crèche ce fut dans un établissement tout neuf, bien tenu et pas surpeuplé, loin des standards des grandes villes. Une amie me dit que nous sommes des parents de luxe, et en effet je pense que nos enfants ont bénéficié jusqu'ici de conditions de vie privilégiées. Si bien que nous ne pouvons mettre nos difficultés avec eux sur le compte ni du stress de la vie urbaine, ni des aléas de la politique familiale, ni du manque de moyens. Nous ne pouvons réellement nous en prendre qu'à nous-mêmes. Ce n'en est que plus cuisant. Mes pensées compatissantes vont aux parents qui passent deux heures par jour dans les transports, se donnent corps et âme à leur emploi, et rentrent éreintés pour trouver des enfants hurlants. Je pense que dans ces conditions nous n'aurions pas eu d'enfants, car mon épouse et moi-même avons pour credo commun de vivre le plus agréablement possible. C'est parce que nous avions la possibilité de nous installer loin de la ville et des obligations du salariat que nous avons décidé de donner à notre amour la forme de ces enfants.

Par ailleurs, nous sommes, ma femme et moi, largement informés sur la parentalité. Claire, d'un caractère à la fois studieux et méfiant, a passé, depuis les premiers jours de sa première grossesse, des heures innombrables à s'informer sur Internet, et à lire les auteurs français et anglo-saxons les plus recommandés. Et sans a priori : dans notre bibliothèque, Françoise Dolto côtoie Edwige Antier, Laurence Pernoud, Marie Thirion, Laurence de Cambronne et Claude Halmos. Elle est aussi devenue une habituée des webforums (notamment celui de Doctissimo, qui est à la maternité ce que Facebook est à l'amitié) où des mères échangent expériences et bons tuyaux sur les moindres aspects de leur vie. À l'issue de ses recherches elle m'a fourni les synthèses les plus sérieuses, et m'a fait lire les ouvrages les plus utiles. Moi qui, fils de psychanalyste lacanien, avais écouté les chroniques de Françoise Dolto sur France Inter plusieurs décennies avant de pouvoir en faire usage, j'ai découvert grâce à Claire d'autres approches de l'enfance – notamment tout ce qui est regroupé aujourd'hui sous le terme de « maternage » – et même compris certaines limites de la psychanalyse en la matière. Je dois avouer que nous avons aussi regardé avec une fascination coupable, avant même d'être parents, plusieurs épisodes de Super Nanny, une émission de téléréalité (diffusée de 2005 à 2009 sur M6) où une éducatrice sévèrement enchignonée venait mettre de l'ordre dans des familles dysfonctionnelles – essentiellement des cas d'enfants désobéissants et de parents immatures. À peu près aussi recommandé que le visionnage d'un film catastrophe avant de prendre l'avion.

Si nos conditions de vie ne sont pas communes, en revanche le recours à une large information indépendante, en dehors du cercle familial et de l'autorité du pédiatre, me semble assez banal dans notre génération et notre classe sociale. J'en veux pour preuve qu'aucun parent parmi nos amis, lors de nos interminables conversations sur les enfants, n'a jamais trouvé étrange que nous citions autant de lectures, et même au contraire ils avaient souvent leurs propres références à apporter au débat, venues de leurs propres lectures ou d'autres conversations. En d'autres termes, nous appartenons à un groupe socio-culturel où les jeunes parents sont instruits, autodidactes, et capables de critiquer les dogmes, traditions et discours en vogue.

Ça ne nous a pas simplifié la tâche. Au contraire.

3. TU ENFANTERAS DANS LA DOULEUR

Quand nous avons décidé de concevoir notre premier enfant, nous habitions encore Paris. Claire avait sélectionné la maternité où elle accoucherait avant même d'arrêter la pilule, afin de pouvoir retenir sa place le jour précis où le test de grossesse apparaîtrait positif. Si vous croyez que nous sommes fous, sachez par exemple que ma belle-sœur, qui a attendu une petite semaine après le test avant de prendre contact avec sa maternité, a été inscrite sur une liste d'attente. Et que pour retenir une place dans une crèche parisienne il faut s'inscrire à six mois de grossesse et ne pas espérer y déposer son enfant, sauf cas de force majeure ou piston en métal chromé, avant son premier anniversaire. À condition, bien sûr, de ne pas déménager pendant les dix-huit mois qui séparent ces deux échéances.

Nous étions avertis, donc nous étions prêts. Après avoir enquêté auprès de ses vraies amies et de ses copines virtuelles du forum Doctissimo, Claire avait choisi les Bluets, une maternité publique mais pilote, à la fois moderne et adossée à un hôpital, donc rassurante en cas de pépin, mais aussi adepte d'une approche douce, où le bien-être de la mère et du bébé comptent plus que le planning de l'accoucheur.

Boire ou ne pas boire ?

Les premières visites nous confirment le bien-fondé de ce choix. Le personnel est accueillant, souriant et attentif, l'atmosphère tranquille, le matériel rutilant, les murs repeints de frais… Les pères sont les bienvenus lors de l'accouchement (ils peuvent même dormir sur place, ce que je ferai), et les parturientes sont autorisées à boire de l'eau et même des jus de fruits pendant le travail – une tolérance exceptionnelle. Dans la plupart des établissements il leur est en effet interdit de boire et de manger jusqu'à la délivrance, à cause d'une croyance antédiluvienne selon laquelle, en cas d'anesthésie générale, la patiente doit être à jeun. Ce dogme est doublement critiquable : *primo*, l'on n'interdit pas aux accidentés de la route d'avoir mangé avant de percuter un arbre, et *secundo*, l'OMS considère cette pratique comme « dangereuse et nuisible au bien-être de la mère et de l'enfant ». Sans compter qu'il suffit de réfléchir cinq secondes pour se rendre compte qu'infliger à ces femmes des heures de souffrances sans un verre d'eau relève du tribunal de La Haye. Aux Bluets, donc, rien de tel. (Quand Claire accouchera dans une maternité publique de province, trois ans plus tard, on lui interdira de boire, et elle n'en tiendra heureusement aucun compte.)

Les séances de préparation à la naissance sont assurées par une sage-femme sereine et détendue, qui nous parle comme si l'accouchement était une espèce de surprise-partie. Jusqu'ici tout va bien. Mais les ennuis commencent à la première échographie, celle des trois mois.

Déclencher ou ne pas déclencher ?

Une gynécologue très aimable mesure le fœtus sur un tirage imprimé de l'échographie, en déduit son âge exact en semaines, et calcule ainsi la date prévue d'accouchement, « DPA » en jargon. C'est mathématique. Le fœtus mesure 5 centimètres, donc il a été conçu le 13 septembre, donc l'enfant naîtra le 13 juin. Si, si.

Le problème c'est que Claire, prévoyante comme elle est, a noté dans son agenda la prise de la dernière pilule, la date de ses règles et celles de nos rapports (pour cette dernière colonne, je ne crois pas qu'elle ait ajouté des étoiles). Or l'agenda est formel : règles le 15 septembre. Donc l'enfant n'a pas pu être conçu le 13. Même si le fœtus, sur le cliché flou de l'échographie, mesure 5 centimètres. Pendant les six mois qui suivent, à chaque visite nous soulevons la question : la date prévue d'accouchement est infondée. Chaque fois, le médecin ou la sage-femme en face de nous a le même réflexe : ouvrir le dossier, sortir l'échographie du troisième mois et mesurer le fœtus. Et chaque fois, la même réponse un peu lasse : « Si, si, la date prévue d'accouchement est bien le 13 juin. » Et le même soupçon implicite : « Bien sûr, vous voudriez que ce soit plus tard parce que vous avez peur. »

Le 13 juin arrive, mais pas le bébé. À partir de ce moment-là, nous devenons des trouble-fête. Claire surtout, dont il est évident aux yeux de la Faculté qu'elle ne veut pas le lâcher, son bébé ! « Il va falloir le laisser sortir, madame. » Dans la plupart des maternités, le règlement stipule que trois jours après la DPA, on déclenche l'accouchement. Ou bien vous signez une décharge, car vous faites courir d'« énormes risques » à votre bébé. C'est bien simple, si vous dépassez de plus de trois jours la date prescrite, c'est comme si vous régressiez de trois siècles dans la mortalité infantile. Aux Bluets, on tolère jusqu'à cinq jours de dépassement. À titre exceptionnel nous en obtenons sept, parce que le bébé paraît en bonne santé. Sept jours avant le déclenchement *manu medicali*. Sept jours où Claire, lestée de ses 15 kilos supplémentaires, marche autour du pâté de maisons par 25 °C en espérant bousculer les événements par des moyens naturels. Sept jours à pester contre l'entêtement de tous ces gens en blouse qui refusent absolument de réviser leurs calculs. Ils devraient savoir, pourtant – puisque nous, amateurs néophytes, nous le savons – que si la durée normale de gestation est de 41 semaines en France, c'est 42 semaines en Suède et en Grande-Bretagne, et 40 en Italie.

Que leur maudit règlement ne repose donc sur rien de sérieux. Sept jours à balancer entre l'instinct de Claire qui lui dit que si elle n'a pas de contractions, c'est que le bébé n'est pas prêt, et nos craintes de néo-parents à qui un aréopage de professionnels diplômés laisse entendre qu'on met en danger la sécurité de l'enfant en refusant le déclenchement, et pire encore en le refusant par peur inconsciente de l'accouchement. Au bout de sept jours, nous pouvions toujours refuser et signer la décharge. Nous avons cédé. Et Claire se le reproche encore aujourd'hui. Elle s'en veut d'avoir imposé à Marcello de naître avant qu'il ne l'ait décidé.

Couper ou pas couper ?

Je m'étais fixé deux objectifs pour cet accouchement : accompagner Claire jusqu'au bout, en l'aidant dans la mesure de mes moyens et de ses besoins ; et couper le cordon ombilical. Du pratique et du symbolique. Des objectifs modestes, raisonnables, dont je pensais qu'ils étaient communs à la plupart des pères autour de moi. Pour le premier, personne ne s'y opposa. Pour le second non plus. Mais ce n'est pas moi qui ai coupé le cordon de Marcello. Je ne sais pas qui c'est. Après vingt heures de travail et une nuit quasi blanche, lorsqu'il fut temps pour Claire de pousser, la chambre fut envahie par une demi-douzaine de personnes. La sage-femme qui nous avait accompagnés toute la nuit, et qui devait aider Claire à accoucher, céda sa place à une obstétricienne – très gentille d'ailleurs – sans qu'aucune explication nous soit donnée, non plus qu'au rôle des autres jeunes femmes (des étudiantes, probablement). Je soupçonnais néanmoins que l'intervention d'un médecin à la place de la sage-femme était le signe que quelque chose n'allait pas, d'autant que ce médecin s'arma, toujours sans un mot d'explication, de deux ustensiles longs, plats et métalliques. Je ne connaissais pas encore leur doux nom de spatules, et je les trouvai d'emblée antipathiques. Me voilà donc, réveillé en sursaut après avoir dormi trois heures sur un fauteuil, face à une demi-douzaine de visages inconnus, l'oreille accrochée par réflexe, depuis la veille, aux pulsations cardiaques de ce bébé que nous avons condamné à d'atroces séquelles soit en le forçant à naître, soit en le laissant trop longtemps dans le ventre de sa mère. Tout était calme et soudain tout s'accélère. Jusque-là on chuchotait, et voici que plusieurs personnes se mettent à parler à voix haute et en même temps. Et je vois cette jeune femme qui introduit des objets retors et glacés dans l'intimité de ma chérie, laquelle rugit en poussant avec ce qu'il lui reste d'énergie. À tout hasard, je prends sa main. Elle m'enfonce ses ongles dans la paume, je détourne mon regard de son visage déformé par l'effort, cherchant où poser mes yeux… et soudain un immense bébé beige et bleu surgit d'entre les jambes de Claire et se dresse devant moi, bras écartés, visage tuméfié. C'est Marcello ! Je regarde Claire, elle a retrouvé figure humaine, nous nous sourions, les femmes autour de nous félicitent la jeune maman et quelqu'un pose le nouveau-né sur sa poitrine. De son ventre pend une pince en plastique blanc au bout d'un cordon rabougri. Claire verse une petite larme, je n'en mène pas large. Tout s'est bien passé, à part la spatule qui a plié l'oreille droite du poupon (elle se redressera complètement au bout de quelques mois). L'obstétricienne et ses suivantes sont passées dans une autre chambre, les sages-femmes reprennent l'affaire en main : soigner la maman, laver et habiller le petit. Le lendemain, en croisant cette obstétricienne dans l'ascenseur, je lui demanderai pourquoi c'est elle qui est venue accoucher Claire et non la sage-femme : « C'est le protocole, me répondra-t-elle. Le cœur du bébé fatiguait, il fallait faire vite. » Je lui suis reconnaissant de nous avoir épargnés en ne nous disant rien sur le moment.

21 juin 2007, 9 h 15, la vie de Marcello a commencé. Notre couple est devenu une famille. La mise au monde proprement dite a duré dix minutes : Claire n'a pas dû pousser plus de trois fois. Une athlète, ma chérie. Elle en avait vraiment assez d'attendre. Le travail a été long – normal pour une première fois et un déclenchement – l'anesthésiste a un peu manqué de délicatesse quand Claire s'est évanouie de douleur devant lui, mais au bilan tout s'est bien passé. À deux détails près. On ne saura jamais si le bébé a dépassé son terme ou s'il avait encore du temps à passer bien au chaud dans sa mère. Et, à un moment ou à un autre pendant les quelques minutes qui ont suivi l'accouchement, quelqu'un a coupé le cordon ombilical de mon enfant à mon insu, sans me demander mon avis avant, et sans m'expliquer pourquoi après. Faut-il vraiment préciser au personnel d'une maternité qu'un père qui assiste à un accouchement voudra probablement couper le cordon

lui-même ? Ou bien faut-il comprendre que les pères sont admis dans l'espace de l'accouchement à condition qu'on ne les voie pas et qu'ils ne fassent rien ?

Zut, quoi.

Souffrir ou ne pas souffrir ?

Le deuxième accouchement, trois ans après le premier, se déroula de manière tout à fait différente. Et je n'ai pas raté le cordon, cette fois. Pourtant Claire m'avait chargé d'une terrible mission. Elle s'était mise en tête d'accoucher sans péridurale. Pourquoi ? Pourquoi elle, qui n'a jamais eu aucune tolérance pour la souffrance physique, tenait-elle à s'infliger cette ordalie ?

Après avoir lu de nombreux témoignages de « mamans nature » (comme on les appelle sur le forum de Doctissimo), elle s'était convaincue que l'analgésie lombaire (nom officiel de la péridurale) était le cheval de Troie par lequel le corps médical avait envahi l'accouchement, que la mère était par là privée de contrôle sur son corps et ses sensations, que les conséquences pour le bébé n'étaient pas si anodines, et enfin que les douleurs de l'enfantement étaient une des expériences les plus enrichissantes qu'une femme puisse vivre. Elle avait aussi lu quelque part que cette souffrance renforçait l'attachement maternel. (Je me demandais, sans oser poser la question, si elle ne se sentait pas assez attachée à son aîné, qui était né sous péridurale. Elle s'en voulait peut-être d'avoir éprouvé des sentiments négatifs envers ce premier bébé, qui avait été parfois pénible. Elle lui voue pourtant aujourd'hui un amour inconditionnel.)

Claire était décidée à endurer cette souffrance, mais en quoi cela me concernait-il, direz-vous ? C'est qu'elle m'avait demandé de l'aider : si elle flanchait, je devais l'encourager à poursuivre, lui rappeler les raisons de son choix, lui faire miroiter la joie qu'elle aurait ensuite à avoir réussi. Ou bien faire appeler l'anesthésiste.

J'étais donc tenu de comprendre, moi qui ne ressentirais jamais de ma vie les contractions utérines, si Claire, que j'ai déjà vue sangloter après s'être cogné un orteil, avait dépassé les limites du soutenable, ou si elle avait encore de la ressource. Pire : la femme que j'aime allait souffrir le martyre sous mes yeux, pour donner naissance à notre enfant, et je devrais, moi, décider de prolonger ou d'abréger son calvaire !

Merci du cadeau. J'ai dit que je ferais de mon mieux en priant pour n'avoir aucune décision à prendre. Avec mon optimisme naturel, je pensais que Claire irait jusqu'au bout, de son propre chef. Car sa douilletterie n'est rien à côté de sa volonté.

Les contractions commencèrent vers 3 heures du matin, nous partîmes le cœur léger sur une route de campagne, dans un paysage fantastiquement éclairé par la pleine lune. Virgile, contrairement à son frère, n'était pas en retard, il était même en avance d'une semaine. La sage-femme qui nous accueillit nous trouva trop impatients : une contraction toutes les sept minutes, on avait le temps, « si vous n'habitiez pas aussi loin je vous aurais renvoyés chez vous ». Cette manière de prendre le pouvoir en tournant en ridicule l'application des parents… Nous savions qu'il fallait attendre une fréquence de cinq minutes avant de se présenter à la maternité, mais justement nous habitions loin. Nous avions préféré arriver en avance plutôt que prendre le risque d'accoucher sur la route. Ça l'aurait épuisée, cette dame, de nous dire « Bienvenue, on va s'occuper de vous », au lieu de chipoter sur l'heure la plus opportune pour la déranger ? Surtout qu'il y avait tout au plus deux autres parturientes dans les murs cette nuit-là.

On nous installa donc dans une chambre.

Moins de deux heures plus tard, Claire est à genoux au pied de son lit en train de hurler sous les coups répétés dans son ventre. Les contractions se succèdent comme les vagues sur la côte un soir de tempête. Je lui masse les reins avec une huile à l'arnica, aussi utile qu'un enfant armé d'un seau contre les déferlantes. « Je criais de terreur à l'idée que j'allais avoir encore mal alors que la douleur de la précédente n'était pas encore passée », m'expliquera-t-elle après. Si nous étions partis plus tard de la maison, comme la sage-femme pensait que nous aurions dû le faire, Claire aurait vécu cet enfer sur les sièges de notre monospace. Aucune des postures apprises pendant les séances d'haptonomie ne peut la soulager : elle n'a plus la force de bouger. Et le moment redouté arrive : elle me supplie d'appeler l'anesthésiste.

— Tu es sûre ?

— Oui, oui, je suis sûre.

— Tu vas le regretter.

— Aargh !

— Tu avais tellement envie d'accoucher comme ça.

— Aaahhh !

— Tu ne dois plus être loin de la délivrance.

— Oublie tout ce que je t'ai dit, je ne savais pas que ça serait comme ça. Ouuuuh ! Je ne veux pas mourir, je veux la péridurale !

À la décharge de ma pauvre chérie, la douleur est censée augmenter graduellement pendant deux ou trois heures, au fur et à mesure que les contractions se rapprochent. Et non pas passer de 1 à 10 en moins de soixante minutes. En plus, au dernier examen, son col n'était pas assez ouvert : la torture risquait de durer encore long-temps. Je n'insistais pas, considérant que j'avais rempli le rôle intenable qui m'avait été attribué, et je partis dans les couloirs déserts à la recherche de l'anesthésiste, ou de quelqu'un qui pourrait le quérir. (Cette maternité appartenait à un hôpital, et il n'y avait qu'un seul anesthésiste de garde pour tous les services. Il était dans un autre bâtiment, à plusieurs centaines de mètres. Ni Claire ni moi ne le savions. Si elle avait su qu'elle risquait d'attendre sa péridurale pendant une heure, je ne suis pas sûr qu'elle aurait pris le risque.) Je finis par trouver, un peu par hasard, la sage-femme qui devait « s'occuper » de Claire et qui n'avait aucune idée de ce qui se passait dans la chambre.

— Elle souffre trop, elle veut la péridurale.

— Vous êtes sûr ? Elle tenait pourtant beaucoup à…

— Oui, je sais, mais elle n'en peut plus, il faut faire venir l'anesthésiste.

— Je vais l'examiner.

L'anesthésiste, nous ne le vîmes jamais. Quand la sage-femme examina Claire, elle aperçut les cheveux de Virgile. La délivrance était à portée de la main ! Claire, assommée de douleur, à moitié inconsciente, continuait de demander en gémissant une péridurale. Elle comprit ce qui se passait en se retrouvant sur la table d'accouchement. Dans une dernière lueur, elle demanda à être placée sur le flanc, ce qui était la position la moins douloureuse qu'elle pût adopter dans son état d'épuisement. En quelques poussées le bébé était sorti, Claire trouvait encore la force de sourire en l'accueillant sur son sein ; et moi, la présence d'esprit de faire valoir sur le cordon ombilical de mon enfant des droits que ni la sage-femme ni sa stagiaire ne songèrent à me contester.

26 juillet 2010, 7 h 37, par un matin d'été normand, voici Virgile. Le doux poète qui révéla à Claire jusqu'où elle pouvait souffrir.

On voulait nous garder à la maternité pendant quatre jours, c'était le règlement. Moins de vingt-quatre heures après la délivrance, Claire signait la décharge sans aucune hésitation et rentrait à la maison pour retrouver son mari et ses enfants. Décidément, le temps administratif et le nôtre n'avaient plus aucun rapport.

4. Comment tu t'appelles ?

Voilà, les présentations sont faites : Marcello et Virgile.

Pour le prénom du premier, Claire et moi n'avons pas cherché longtemps et nous avons été tout de suite d'accord. Je crois même que nous l'avions choisi avant que l'enfant ne soit conçu. Mon grand-père maternel s'appelait Marcel, ma famille paternelle est italienne, Claire a aussi quelques Transalpins parmi ses aïeux, et en outre nous avions donné, depuis notre rencontre, un nom pour rire à notre bonheur : le Fellinisme, car nous aimons les chats et la *dolce vita*. Or comment se prénomme le héros du film de Fellini ?

Marcello, comme son acteur principal.

À ce prénom, il fallait accoler un nom de famille. Claire a gardé son nom de jeune fille lors de notre mariage, d'abord parce que ce nom est en voie d'extinction, ensuite parce qu'elle refusait de changer d'identité, enfin parce que je voulais épouser Claire Rostan, et pas me retrouver avec Claire Verdiani (je n'ai pas ce genre d'instinct de propriété). Notre enfant aurait donc pu s'appeler Rostan, Verdiani, Verdiani-Rostan ou Rostan-Verdiani. C'est cette dernière combinaison que nous avons choisie, parce qu'elle dit bien de quelle union est né cet enfant, et parce qu'elle me semble plus fluide dans cet ordre que dans l'autre : Marcello Rostan Verdiani – surtout avec les accents d'origine : Marce'llo Rostan' (à l'espagnole) Verdia'ni. Surtout sans les deux traits d'union que l'état civil est tenu de planter entre les moitiés de son patronyme, en vertu d'un règlement écrit par d'audacieux analphabètes. Quant à moi, pour protester, je l'écris sans aucun trait d'union.

Marcello Rostan Verdiani. Un nom pour chevaucher dans la pampa argentine, pour faire fortune au Brésil, pour jouer Shakespeare dans la cour d'honneur d'Avignon (comme Ariel Garcia Valdez, que j'ai vu à dix-huit ans dans *Richard III*). Et quand on le déplie, il est encore plus beau : Marcello Jean Ulysse Rostan

Verdiani. J'en suis tellement content que je l'écris souvent avec un ©.

Il faut dire que l'onomastique et moi, c'est toute une histoire. Je suis très sensible à la puissance évocatoire des prénoms, et plus encore à celle de l'association entre un prénom et un patronyme. Je suis souvent tombé amoureux, dans ma jeunesse, sous le seul effet de ce charme – et à l'inverse un nom sans grâce pouvait nuire à l'attrait de la plus jolie fille. Je me souviens par exemple d'avoir courtisé une Marie Lamour de quinze ans quand j'en avais vingt-cinq, simplement pour ne pas passer à côté d'un nom si merveilleux, alors que nous n'avions à l'évidence rien à nous dire et qu'elle ne me plaisait pas plus que cela. J'ai pu aussi choisir des amis, ou du moins m'attacher à eux, pour le même genre de raison. J'ai inventé jadis des pseudonymes, avec carte de visite à l'appui, pour le seul plaisir de donner vie à Amilcar Stevensson (un nom d'explorateur pour roman de Jules Verne), Wilfried Szornek (un nom d'homme politique est-européen, au destin tragique) et Marc Laurel (un faux nez pour chroniqueur léger). Quand j'écris une fiction, je cherche le nom et le prénom de mes personnages pendant des jours, noircissant des pages de carnet, et je peux encore en changer dix fois en cours de route, au risque de multiplier les coquilles d'une version à l'autre.

Alors, bien sûr, pour mes enfants j'allais me montrer très pointilleux. Signification du prénom, antécédents célèbres, euphonie avec le nom de famille, diminutifs possibles et initiales, tout serait passé au crible, tout devait être étudié pour doter nos petits de cet avantage incontestable : un nom qu'on n'oublie pas, un nom brillant comme une aura, un nom qui les précède en ambassadeur de charme. Pour le premier de nos fils, ce fut donc facile, comme ce premier vers dont Paul Valéry disait que les dieux gracieusement le lui donnaient pour rien.

Pour le second, nous avons cru que nous n'en sortirions jamais. D'abord nous espérions avoir une fille. Aucune de mes Domitille, Iris, Barbara, Foedora ou Danaé ne fut agréée par mon épouse. Je rejetai toutes les Blanche, Rose, Ava, Olympe et Léonor qu'elle me proposa. Nous nous accordâmes sur Stella, juste avant d'être informés que nous attendions un garçon. C'était reparti pour un tour et même plusieurs, avec droit de veto, débat sur les critères et obligation d'argumenter. À cette époque beaucoup de petits garçons s'appelaient Matteo, Hugo ou Enzo. Autour de nous les Noé et les Solal abondaient – heureusement, je n'aime ni *Belle du Seigneur* ni le Déluge.

Pas question que le nom du second soit moins réussi que celui du premier. Nous cogitions en permanence, nous épluchions les carnets roses des journaux pour éviter les prénoms trop en vogue, nous nous faisions des propositions à toute heure par SMS. Nous retombâmes d'abord sur Ulysse, que nous adorions mais qui était déjà le troisième prénom de Marcello. Amis et parents furent sondés : pouvait-on donner au cadet un prénom qui avait déjà servi pour l'aîné ? Personne n'y trouva à redire, ce que nous trouvâmes suspect (après tout, ces gens pouvaient prendre des risques inconsidérés pour cet enfant qui n'était pas le leur). Nous renonçâmes donc à Ulysse, de peur que le petit ne se sente diminué d'être désigné par un appendice de son frère. Mais d'Homère nous n'étions plus très loin de la solution : Virgile, outre qu'il contient phonétiquement Gilles, transporte avec lui toute la gloire d'un grand poète, ami de la nature et disciple d'Épicure, qui occupe de surcroît une place de choix dans le livre fondateur de la culture italienne. Car comment s'appelle le guide du narrateur dans *La Divine Comédie* ? Virgile, oui. Avec le héros de *La Dolce Vita*, ils allaient faire une sacrée paire de lascars. Marcello, Jean, Ulysse et Virgile, Henri, Titien portent sur leur acte de naissance le patrimoine culturel de leurs parents et grands-parents : l'Antiquité gréco-romaine, l'Italie et la France.

Ainsi mes fils furent-ils dotés de prénoms soigneusement ouvragés, qui plaisaient à leurs deux parents, plairaient à leurs congénères et leur ouvriraient toutes les portes du monde. Puis, pendant leurs premières années, on n'employa guère pour les appeler que Marchou, puis Marchie (voire Marshmallow ou Marchi-coulis), et Gigi puis Joujoule et son dérivé Doudouille, ou Virgule. J'en ai même fait une chanson, mais je vous l'épargne.

5. Saint sein ou sein malsain ?

Le plus grand plaisir de Claire (à part faire l'amour avec moi, naturellement), c'est de donner à manger. Cordon bleu hors pair, elle fait l'admiration de tous nos invités. Pour elle, allaiter constitue l'accomplissement ultime : nourrir sa progéniture avec le produit de son propre corps, sans même passer par la case fourneau, c'est le *nec plus ultra*. Elle avait donc décidé d'allaiter ses enfants le plus longtemps possible, soutenue dans ce désir, d'abord gourmand, par ses enquêtes sur la question : selon l'OMS, et le ministère français de la Santé, plus longtemps l'enfant boit du lait maternel, meilleure est sa santé. La durée recommandée est dix-huit mois, et le bénéfice particulièrement flagrant pour un allaitement exclusif jusqu'à six mois. Quant au sevrage, toutes les études prouvent qu'il intervient naturellement dans la plupart des cas, par décision de la mère ou de l'enfant. Travaillant à la maison, ayant trouvé une nounou qui viendrait sur place s'occuper du lardon entre deux tétées, nous n'avions aucune raison de priver Claire de ce plaisir ni nos bébés de cet avantage irremplaçable. Sans compter l'aspect pratique : pas de biberon à préparer au milieu de la nuit. Et comment douter des vertus d'un mode d'alimentation qui a été donné par la nature, qui n'a aucun inconvénient connu et qui n'a pas eu de rival jusqu'à l'invention du lait maternisé par Henri Nestlé en 1860 ?

Eh bien pas du tout. Vous ne le savez peut-être pas, nous ne le savions pas en choisissant ce mode d'alimentation pour nos bébés, mais l'allaitement fait l'objet d'une virulente controverse, qui pour se mener à bas bruit n'en est pas moins terrible et incompréhensible. Cette controverse oppose d'un côté les partisans de l'allaitement, qui se conçoit à long terme, à la demande du bébé, sans contrainte, sans crainte et sans complexe ; et de l'autre la coalition de diverses hostilités : les féministes qui stigmatisent un vecteur d'aliénation des mères, les psychanalystes qui y décèlent une forme d'inceste, l'ordre économique qui veut que les salariées puissent reprendre leur poste sans être interrompues par l'appétit de leur rejeton, et bien sûr le lobby du lait en poudre, du biberon et de la tétine. Plus tous ceux, hommes et femmes, qui voudraient ramener au plus vite la poitrine à son rôle érotique. Sans oublier les reliquats d'une vision bourgeoise de la féminité, selon laquelle tout ce qui nous rapproche de l'animal doit être sévèrement circonscrit. Face à ce front du refus, les tenants de l'allaitement sont tentés de se réunir sous une bannière à la fois commode (c'est toujours bien de pouvoir se rassembler quand on est minoritaire) et dommageable (les adversaires ont beau jeu de dénoncer une secte) : celle de la Leche League (« ligue du lait » en anglo-espagnol). Cette association, créée en 1957 aux États-Unis pour promouvoir l'allaitement maternel, fournit aux mères qui choisissent ce mode d'alimentation les informations qu'elles peinent à trouver ailleurs. Le fait est qu'on ne peut pas lire un bulletin de la Leche League sans être saisi d'un sentiment de révolte contre le complot international qui veut empêcher les femmes d'allaiter – surtout en France.

À une époque où l'on n'hésite plus à augmenter le volume de ses seins par l'adjonction de silicone, il est en effet très mal vu de vouer ces organes à leur usage originel. Et c'est une lutte inégale, car les rares mères qui veulent allaiter subissent des pressions insoupçonnées. Pendant les quinze mois où Marcello a été allaité, mon père (qui pourtant, sur les autres sujets, m'a constamment surpris par la sobriété et la bienveillance de ses commentaires) ne nous a *jamais* téléphoné sans demander si nous l'avions *enfin* sevré et quand nous comptions le faire. La mère de Claire la regardait avec des yeux de plus en plus ronds et une moue de plus en plus réprobatrice ; ses copines posaient des questions polies mais circonspectes ; mes copains ricanaient des « Ah oui ! Quand même… » quand je leur avouais depuis combien de mois mon fils suçait les seins de ma femme. Quoique moins informé et moins concerné que Claire, je sentais l'influence de ces muets soupçons. Je ne doutais pas des bienfaits de notre obstination, mais je me demandais comment nous allions en sortir : tout le monde semblait persuadé que les bébés s'accrochaient au sein maternel comme des arapèdes à leur rocher, et qu'il fallait pour les en détacher la froide détermination du chirurgien. Quand je demandais à Claire comment nous étions censés sevrer le bébé, elle restait vague. De toute façon, elle n'envisageait pas de se poser la question avant que Marcello n'ait deux ans. À quinze mois, il fit son entrée à la crèche et pour fêter cela il s'enrhuma, alors qu'il n'avait jamais été malade jusque-là (confirmant ainsi l'une des principales vertus de l'allaitement). Nez bouché, il ne parvenait plus à téter, et du jour au lendemain il y renonça sans appel. Sa mère eut un peu de mal à s'en remettre, mais puisqu'on ne voulait plus d'elle, elle découcha, pour la première fois depuis plus d'un an, et passa la nuit à Paris chez une amie. Notre expérience est un peu biaisée, parce que nous n'avons pas appliqué *stricto sensu* l'allaitement à la demande, tel qu'il est recommandé par les spécialistes. Car dès que Marcello se fut habitué à une nourriture diversifiée, ce qu'il fit avec enthousiasme dès son sixième mois, il n'eut plus droit au sein que le matin et le soir. Dans mon inquiétude quant au sevrage, j'avais insisté sur ce rationnement, et l'abandon spontané en fut sans doute facilité. Pour Virgile, le régime fut moins strict, d'autant que contrairement à son frère, il n'aime pas beaucoup manger. À un an, il tétait souvent trois ou quatre fois par jour, à dix-huit mois il prend le sein matin et soir. Et personne autour de nous n'y prête plus la moindre attention : les grands-parents ont compris que tout se passerait bien et les amis ont été convaincus par notre exemple que l'allaitement est le meilleur choix possible.

Une mère qui allaite son enfant au-delà du sixième mois, aujourd'hui en France, doit accepter de passer pour une activiste, une illuminée, une fanatique. Vous avez le droit, certes, mais on s'attend à ce que vous ne vous épiliez jamais les jambes, que vous portiez des sous-vêtements en bure, que vous mangiez uniquement du soja cru. Et vous devez vous débrouiller toute seule pour savoir comment faire. Les sages-femmes vous apprennent à peu près la technique de base, mais risquent de vous transmettre des croyances infondées (par exemple qu'il faut habituer les bébés à téter à heure fixe), et sont totalement dépassées dès que les problèmes surviennent – car l'allaitement, comme tous les soins au bébé, peut être perturbé par de petits soucis. Ma belle-sœur Sarah, par exemple, qui voulait allaiter « au moins jusqu'à un an », a vu pendant les six premiers mois, à chaque tétée, son bébé absorber peu de lait, pleurer, s'étouffer et régurgiter. On imagine son désespoir. Son pédiatre n'avait aucune solution à lui proposer, sinon de passer au lait maternisé. Elle s'y résolut, conservant cependant le rituel quotidien d'une tétée, et ce fut finalement ma femme qui trouva la clé de l'énigme, dans une newsletter de la Leche League : le syndrome du Réflexe d'éjection fort (REF), qui n'est rien d'autre qu'un jet trop puissant. Le bébé s'étouffe et ne parvient pas à téter dans de bonnes conditions. Pour y remédier il faut allaiter en position couchée. Confortée dans ce diagnostic par une conversation téléphonique de quarante-cinq minutes avec la Leche League, Sarah appliqua la recette, et offrir dès lors à son bébé les meilleures conditions pour téter. Pendant cinq mois sa pédiatre, tout à fait ouverte à l'allaitement mais formée à une époque où la Faculté pensait que cette pratique était vouée à disparaître, n'avait pas pu repérer ce syndrome, pourtant connu probablement depuis que la femme est un mammifère. Ma femme a découvert le REF en deux clics sur Internet, et sa sœur a été rassurée et convaincue en parlant elle-même avec des bénévoles. Je me demande si dans un système de santé aussi avancé que le nôtre – le monde entier nous l'envie, paraît-il – il est normal que les mères allaitantes soient obligées de s'informer sur Internet et de résoudre leurs problèmes toutes seules.

Un autre exemple. Une amie allaitante fut frappée par une violente crise d'urticaire. Un médecin appelé en urgence lui administre une piqûre de cortisone et lui interdit d'allaiter pendant quarante-huit heures. L'amie appelle la Leche League pour vérifier, et elle reçoit dans la minute, par courriel, les documents de l'OMS prouvant qu'on ne risquait rien à allaiter son enfant après avoir reçu de la cortisone. La question est : pourquoi ce médecin n'a-t-il pas connaissance de ces documents ? Peut-être parce que la probabilité de devoir soigner une mère allaitante est infime. Peut-être parce que la tolérance des médecins envers l'allaitement s'arrête là où commencent les choses sérieuses à leurs yeux, c'est-à-dire maladies et pharmacopée. Sans doute aussi les mères allaitantes sont-elles soumises au même phénomène que les femmes enceintes. Dès lors qu'elles sont enceintes, les femmes ne peuvent plus soigner les menus soucis de santé de la vie quotidienne : rhume, gastrite, lumbago, panaris, il n'y a pas un médicament d'usage courant qui ne leur soit interdit. Je suppose que les laboratoires qui les commercialisent n'ont pas pu prouver leur innocuité, faute de femmes enceintes volontaires pour jouer les cobayes. Principe de précaution : si vous ne pouvez pas prouver que l'aspirine n'est pas tératogène, vous ne devez pas en vendre aux gravides. Après tout, ces feignantes accouchent déjà sans douleur, elles peuvent bien supporter une migraine.

6. Petits soins et grands remèdes

Dans notre patelin, il n'y a pas de pédiatre. Dans les trois villes qui nous entourent, dix mille habitants chacune, il y en a… deux. L'un exerce en alternance dans les deux plus proches de ces communes, et il a mauvaise réputation. L'autre est à trente-cinq kilomètres de chez nous. C'est donc le généraliste du village qui s'occupe des enfants du coin et il nous inspire confiance : il soutient l'allaitement, pratique l'homéopathie, a élevé plusieurs enfants. Nous le choisissons donc pour s'occuper de Marcello. Jusqu'à présent nous ne le regrettons pas, car comme je l'ai dit notre fils est rarement malade. Non pas que nous n'ayons pas de grief contre ce généraliste de campagne, mais les griefs que nous avons pu avoir contre lui, nous les aurions eus aussi contre un pédiatre de grande ville, comme nous l'ont confirmé les expériences de nos amis. Car généraliste ou spécialiste, en ville ou à la campagne, tous les médecins de France souffrent des mêmes handicaps : ils sont débordés, ils sont (dés)informés par les laboratoires pharmaceutiques et ils pensent que la première urgence c'est de rassurer les parents, et la deuxième de protéger la population contre les épidémies. Quitte à négliger un peu l'enfant, qui de toute façon s'en remettra.

Vous avez dit « RGO » ?

Depuis la sortie de la maternité, Marcello pleurait souvent. Il ne se calmait qu'en étant dans les bras et en mouvement (marche ou bercement). Nous ne savions pas quoi faire, nous ne savions même pas si ces pleurs étaient normaux ou pathologiques, mais, en général, nous le prenions dans nos bras et nous marchions. Sauf quand j'étais soudain traversé par l'idée qu'il fallait lui apprendre à rester un peu immobile et que ses parents n'étaient pas des véhicules. Alors je le posais dans son couffin, je lui disais : « Il faut que je te pose un peu mais nous restons près de toi », et je m'éloignais de dix centimètres. Il se mettait instantanément à hurler à pleins poumons, et les visiteurs de passage me trouvaient bien cruel de le laisser pleurer ainsi, ignorant les kilomètres que je passais chaque jour à promener cet enfant dans le creux de mon coude. Nous nous perdions en conjectures sur la bonne attitude : laisser pleurer ? un peu ? beaucoup ? céder ? ne jamais le poser ? Nous n'avions aucun élément pour décider. Il me paraissait normal qu'un bébé pleure, mais je n'avais jamais entendu dire qu'il était censé pleurer dès qu'il n'était plus en mouvement.

Et puis Claire a eu vent du RGO. Le reflux gastro-oesophagien. Comment ? Ni par un proche ni par notre médecin : par un forum de mamans sur Internet, bien sûr. Elle poursuivit son enquête, sans grande difficulté, tant les sources d'informations abondent sur la Toile dès qu'il s'agit de la santé et des enfants. Elle comprit vite, à la lecture d'innombrables témoignages, que beaucoup de bébés souffraient du RGO. C'était même le mal le plus répandu chez les nourrissons. Le reflux gastro-oesophagien est une remontée de sucs gastriques dans l'œsophage, causée par un mauvais fonctionnement – chez le bébé, on parle d'« immaturité » –

du clapet stomacal qui normalement retient ces sucs. On imagine facilement le phénomène, et la douleur : de l'acide qui remonte dans l'œsophage à chaque tétée, ce doit être atroce pour ces bébés à peine nés.

À la lumière de ces informations, nous envisageâmes l'hypothèse que Marcello pouvait en souffrir, et que cela expliquerait en partie ses pleurs. Interrogé, le généraliste admit que c'était possible et nous prescrivit le traitement adapté (une sorte de gel qui se dépose sur les parois de l'œsophage pour le protéger et une poudre diluée qui épaissit le contenu de l'estomac pour retenir les sucs). Dès qu'il en bénéficia, Marcello cessa de pleurer après les tétées et s'endormit presque chaque fois. Nous pouvions le déposer plus souvent. Il continua à aimer le mouvement et à avoir besoin d'être bercé, mais la vie devint plus douce pour lui et pour nous. Pendant ses deux premiers mois d'existence, l'activité la plus agréable et la plus nécessaire à sa survie – manger – avait déclenché d'atroces brûlures. Personne, ni ses parents, ni ses proches, ni son médecin, n'avait été capable de diagnostiquer et de soigner ce mal pourtant si répandu. Comment expliquer, comment admettre que l'une des principales causes de souffrance chez le nourrisson ne soit pas connue de tous ? Que ce médecin n'y ait pas pensé de lui-même, que personne à la maternité ne nous ait dit : « Votre bébé risque de souffrir de RGO. S'il pleure systématiquement après la tétée, parlez-en à votre médecin. » Un bébé en bonne santé ne pleure pas après la tétée : c'est le moment où il est le plus heureux. Sur les crevasses, les gerçures, les abcès qui menacent les seins de la mère, on nous a tout expliqué. Mais sur la souffrance quasi inévitable (pour cause d'immaturité du clapet stomacal) qui attend le bébé, et sur les moyens connus, simples et efficaces de les lui éviter, pas un traitre mot. Et je ne veux pas incriminer notre généraliste de campagne, car ma belle-sœur et mon beau-frère ont rencontré exactement la même situation avec un pédiatre parisien. Quand j'ai compris que j'avais laissé souffrir mon fils alors que j'aurais pu le soulager, et qu'en plus je lui ai reproché de pleurer, et je lui ai parfois refusé mes bras pour des motifs éducatifs totalement hors sujet, j'ai cru étouffer de rage et de culpabilité.

Bien plus tard, j'ai appris par hasard en écoutant la radio que, avant les années 1970, on ne jugeait pas utile d'anesthésier les bébés pour les opérer. On partait du principe que leur système nerveux n'étant pas terminé, ils ne souffraient pas assez pour justifier le risque de l'anesthésie. Mais même s'ils ne souffrent pas autant qu'un adulte achevé, faut-il mépriser cette douleur ? On leur donne la vie (et, dans le cas de Marcello, on le force même un peu à naître avant qu'il ne soit prêt) et on néglige ce minimum de précaution qui pourrait la leur rendre plus aimable ? J'ai parfois l'impression que l'on a gardé vis-à-vis des bébés la même attitude qu'aux siècles où ils mouraient en masse : la seule chose qui compte, c'est qu'ils survivent à leur douze premiers mois, alors ne nous attachons pas trop à eux.

Vaccin ou pas vaccin ?

La médecine nous réservait une deuxième avanie. Le généraliste qui s'occupe de Marcello a inoculé treize vaccins à notre enfant pendant sa première année. Treize vaccins différents dans l'organisme, encore très vulnérable, d'un bébé qui était par ailleurs allaité (donc ravitaillé en anticorps) et gardé à la maison (donc à l'abri des contagions). À chacune de ces injections, il nous en a expliqué le but, et ne faisait rien d'autre que suivre les recommandations officielles, elles-mêmes sans doute édictées par des experts peut-être pas exempts de tout lien avec les laboratoires qui commercialisent ces vaccins. Nous ne nous serions pas rendu compte de l'anomalie sans un documentaire vu par hasard sur Arte (quand on a des enfants, la zappette se met à sélectionner des programmes qu'on a toujours réussi à éviter avant). Ce film établissait au moins deux choses : d'une part, si chaque vaccin est bien sûr testé avant sa mise sur le marché, on ne connaît pas l'effet des vaccinations combinées, et notamment on ne sait pas comment réagit le système nerveux d'un nourrisson, en pleine formation (certains soupçonnent la vaccination massive d'être responsable des épidémies de maladies auto-immunes) ; d'autre part, certains vaccins utilisent comme adjuvant des dérivés du mercure, selon une technique datant des années 1930 et jamais remise en question depuis. Je ne suis pas biologiste, je ne peux pas valider le contenu de ce documentaire. Mais je suis parent, et je peux attester de son effet sur ma femme et moi : nous sommes devenus fous ! On a empoisonné notre enfant ! Comment ose-t-on faire courir de tels risques à des êtres sans défense ? Avec des vaccins qui pour certains ne sont efficaces qu'à 50 %, et qui sont même parfois accusés d'inoculer la maladie à des sujets sains. La politique vaccinale en France (ainsi qu'aux États-Unis, d'ailleurs) est vivement contestée, avec des arguments et des chiffres qui peuvent faire vaciller les consciences les plus positivistes. Esprit rationnel, matérialiste et athée, j'ai toujours été du côté de la médecine et de la science, mais ce genre de révélations, associé aux nombreux scandales qui éclaboussent les laboratoires pharmaceutiques, m'a convaincu que la médecine et les politiques de santé qui l'orientent n'ont plus grand-chose à voir avec la science. Et sitôt que le doute s'est glissé dans la tête des parents, ils peuvent devenir de dangereux anarchistes. Après les treize vaccins de Marcello, nous avons refusé que Virgile en reçoive plus que les trois obligatoires (diphtérie, tétanos, poliomyélite), malgré l'insistance de son médecin traitant, qui nous répétait *ad nauseam* l'argumentaire de son visiteur médical sur le danger de la rougeole. La rougeole est peut-être très dangereuse, mais voilà, on ne peut plus vous croire messieurs dames. La vaccination générale de l'hiver 2009-2010 contre la grippe A a fait déborder le vase de notre défiance (Marcello et moi avons reçu les deux injections à cette occasion, dans le but de protéger Claire enceinte, et nous avons tous les deux été malades ; personnellement, avant cette date je n'avais jamais eu la grippe de ma vie).

Pour être tout à fait exact, malgré notre décision, nous avons dû injecter à Virgile cinq vaccins : les trois obligatoires et deux autres, facultatifs, contre la coqueluche et l'haemophilus (responsable d'une méningite qui tue 1 000 nourrissons par an). Parce que les trois vaccins obligatoires seuls, ça n'existe pas : il y a toujours au moins celui contre la coqueluche. Notre pharmacien, lui, ne vendait que la formule à cinq vaccins groupés, et ne savait même pas comment se procurer la formule à quatre. Plus tard, la marraine de Marcello, neurologue de son état, nous convainquit que l'épidémie de rougeole en cours était inquiétante et nous devions vacciner Claire et Virgile (Marcello avait déjà reçu ses deux doses et moi j'ai eu la maladie). Les arguments étaient autant médicaux que civiques, car plus nombreux seront les vaccinés, plus le virus reculera. Devant ce discours rationnel et responsable, nous n'hésitons pas. La vaccination est en elle-même un excellent moyen de prévenir les maladies, et même d'éradiquer certaines d'entre elles. Je me souviens, dans mon enfance, des petits

« polyos », et je me réjouis sans ambiguïté que l'on n'en voie plus aujourd'hui, comme je me réjouis de n'avoir jamais attrapé le tétanos ni la tuberculose.

S'il faut vacciner Virgile contre la rougeole, soit. Mais il a été jusqu'ici impossible de trouver le vaccin de la rougeole seul. Il est au minimum accompagné de deux autres vaccins, dont nous ignorons l'utilité, l'efficacité, la nocivité. Le pharmacien lui-même ne sait pas où s'adresser pour répondre à notre demande. Une fois de plus, on nous contraint d'inoculer à nos enfants des produits potentiellement dangereux, on nous demande d'avoir confiance tout en multipliant les obstacles à cette confiance. Sang contaminé, hormones de croissance, parabènes, Mediator, Bisphénol A… les révélations se succèdent à un rythme accéléré, et obligent les citoyens à être plus vigilants que les pouvoirs publics. Si les gens se vaccinent moins, et si les maladies progressent à cause de cela, c'est que le pacte de confiance a été rompu entre la médecine et beaucoup de citoyens. Il faut rétablir cette confiance, par plus de transparence, de cohérence et de rationalité.

Double dose

Comme si cette atmosphère d'incurie générale et le lobbying des empoisonneurs ne suffisaient pas, les médicaments se présentent sous des formes absurdement dangereuses. Beaucoup trop subtiles en tout cas pour des parents abrutis par les nuits sans sommeil. À une époque où nos deux enfants se réveillaient toutes les nuits, et ne dormaient jamais au-delà de 6 h 30, j'ai failli empoisonner Virgile en mélangeant une poudre antibiotique dans un seul volume d'eau, au lieu de deux. Heureusement, mon petit poète a sagement vomi sa potion quelques minutes plus tard.

Dans un autre genre, je pourrais m'attarder sur le supplément en fer de Marcello. L'anémie ferriprive atteint un grand nombre d'enfants entre quatre mois et deux ans, surtout parmi ceux qui comme Marcello grandissent vite (à deux ans il avait la taille moyenne d'un enfant de trois ans). Sachant que le fer sert au transport de l'oxygène par le sang et à la formation des globules rouges et des mitochondries (le moteur des cellules), il n'est pas difficile de comprendre en quoi une carence peut nuire au développement et à la santé d'un gamin. Quand nous avons découvert, grâce au médecin cette fois, que Marcello était assez sérieusement carencé en fer, j'ai senti se réveiller en moi la même culpabilité que lors de l'affaire du RGO. Au lieu de m'attendrir sur la pâleur de son teint, qui me faisait penser à sa mère, j'aurais dû m'en inquiéter ! La pâleur est le principal symptôme de l'anémie ferreuse, avec l'insomnie et l'irritabilité. Je mettais l'irritabilité de Marcello sur le compte de son manque de sommeil, et son manque de sommeil sur le compte de… la fatalité (et sinon de l'atavisme, du moins d'une contagion des inconscients, car Claire est insomniaque). Nous avons été tellement préoccupés par ses réveils nocturnes (je consacrerai un chapitre à ce dossier) et leurs causes soi-disant psychologiques que nous avons négligé de nous inquiéter pour sa pâleur et sa fatigue. C'est donc seulement à l'âge de deux ans et demi que l'anémie de Marcello a été repérée et traitée. Les résultats ont été immédiats : alors qu'il se réveillait tous les matins trop tôt (entre 5 et 6 heures) et de mauvaise humeur, dès les premières prises de supplément, il a réussi à dormir plus tard et à se lever d'un meilleur pied. Un an de perdu, un an à s'arracher les cheveux, un an pour nous à lui en vouloir et pour lui à ne pas pouvoir faire mieux. Un an pendant lequel il a été examiné au moins deux fois par son généraliste traitant et une fois par le médecin de la crèche. À quoi servent les examens obligatoires s'ils ne permettent pas de déceler une affection aussi courante que l'anémie ? Je ne sais pas encore quelles seront les séquelles de ce retard de diagnostic, j'espère qu'il n'y en aura pas, mais quand je lis dans Wikipédia une description des conséquences possibles de cette maladie, j'ai peur.

Décidément, je n'aurais pas dû arrêter mes études de médecine avant de les commencer. Faire des enfants sans être diplômé en pédiatrie, c'est comme prendre le volant sans avoir le permis de conduire. Criminel.

7. Dormir comme un bébé

S'il y a une expression trompeuse, c'est bien celle-ci : « dormir comme un bébé », au sens de « bien dormir ». Les bébés, à de rares exceptions près, dorment mal et irrégulièrement. En quittant la maternité, nous pensions qu'un bébé passait son temps à manger et à dormir. Eh bien non. Manger, oui. Dormir, de moins en moins. Au fur et à mesure qu'il prend conscience qu'il est sorti du ventre protecteur, il se réveille de plus en plus souvent pour vérifier si sa mère est là. Dans une grande maison silencieuse comme la nôtre, dormir dix heures sans broncher demandait un courage surhumain à nos bébés.

J'ai dit plus haut que Marcello s'était réveillé toutes les nuits pendant deux ans. Ce n'est pas tout à fait exact. Alors qu'il dormait dans notre chambre, il a cessé de se réveiller vers l'âge de six mois. Nous avons donc pensé qu'il « faisait ses nuits » et que le moment était venu de l'installer dans sa propre chambre. Et pendant deux mois, il nous donna raison, en dormant du sommeil du juste dans son petit lit éloigné du nôtre par plusieurs cloisons, une pièce et un couloir. Il passait donc dix heures isolé dans le noir, ce qui est une sorte d'exploit pour un être qui n'a jamais été seul depuis le début de son existence. Et puis, à huit mois, quelque chose s'est passé, que j'ignore, et il a commencé à se réveiller au milieu de la nuit, et à pleurer, c'est-à-dire à nous appeler. Pour le rendormir il fallait le bercer, et à chaque réveil le temps nécessaire s'allongeait, pour atteindre souvent plus d'une heure. Je m'en chargeais, d'une part parce que Claire était plus fatiguée que moi et mettait beaucoup plus de temps à se rendormir, d'autre part parce que j'imaginais que n'obtenant pas le bénéfice de voir sa mère il renoncerait à se réveiller. Erreur funeste, bêtise impardonnable. Je sais maintenant qu'il faut donner aux bébés ce qu'ils demandent pour qu'ils apprennent à s'en passer, et non pas le leur refuser. J'avais la tête farcie, entre autres, de préceptes psychanalytiques sur le rôle du père, et j'étais conditionné par un discours ambiant selon lequel « il ne faut pas céder aux enfants ». Aux enfants, peut-être. Mais un bébé de huit ou dix mois n'est pas un enfant, et je n'aurais pas dû m'en mêler.

Le cap des huit mois est connu des pédiatres et pédo-psychologues pour être marqué par l'apparition chez le bébé de la conscience d'être séparable de sa mère (donc vulnérable). C'est la naissance de cette angoisse existentielle à laquelle nous devons des pans entiers de la littérature. Pour nous, le cap des huit mois fut le début d'un calvaire nocturne. Je demande pardon pour ce mot de calvaire à tous les parents d'enfants gravement malades. Mais chacun voit l'enfer à sa porte, surtout quand il est 4 heures du matin et que c'est le troisième réveil.

À bout de nerfs, de ressources, d'arguments, nous devions trouver un moyen pour que notre enfant – qui était par ailleurs un amour dans la journée – ne nous réveille plus la nuit. Fidèles à notre habitude de bons élèves, nous consultâmes les manuels qui nous avaient été recommandés par des amis ou sur les forums. Le premier qui attira notre attention s'intitulait *Le Sommeil, le Rêve et l'Enfant*. Rédigé par deux médecins, se parant de rigueur scientifique, cet ouvrage affirme qu'il n'y a qu'un seul moyen d'apprendre à son enfant à s'endormir et à ne pas se réveiller : le laisser seul et attendre qu'il cesse de pleurer. Si le bébé a plus de quatre mois, vous avez le droit d'aller le voir toutes les dix minutes (puis vingt, puis trente, etc.) pour le rassurer, sans le prendre dans vos bras et sans vous attarder. S'il a moins de quatre mois, la méthode préconise que vous ne vous manifestiez pas du tout. Vous laissez votre bébé de quatre mois seul dans une pièce, et vous disparaissez. Évidemment, il finira par s'endormir, et au réveil ayant constaté qu'il n'est pas mort, il en tirera les conséquences : ce qui ne te tue pas te rend plus fort. (Cette méthode est une version nuancée, assouplie, de celle du Pr. Ferber, assez célèbre dans le monde, et dont j'ai personnellement appris l'existence dans un épisode de la série américaine *Modern Family*.) Pour vous éviter toute hésitation et tout remords, les deux auteurs de notre livre vous assènent leur deuxième certitude : si vous n'agissez pas comme ils le recommandent, vous condamnez votre enfant à avoir toute sa vie des problèmes de sommeil. En résumé : vous devez être cruel, sinon vous serez coupables. Cette rhétorique menaçante suffit, à mes yeux, à discréditer le livre sinon la méthode. Et pourtant, cette méthode, cette *ferbérisation* tempérée, Claire et moi avons commencé par nous y ranger.

La première nuit, Marcello, alors âgé de neuf mois, s'est réveillé comme de coutume, vers 2 heures du matin, en pleurant. Je suis allé le voir, je lui ai expliqué qu'il allait se rendormir tout seul, et je l'ai laissé. Il n'a pas du tout aimé l'idée, et s'est mis à hurler. Sa mère l'a rejoint dans sa chambre dix minutes plus tard et lui a tenu le même langage avant de revenir se blottir, tremblante d'effroi, dans le lit conjugal. Nous nous sommes succédé ainsi une ou deux fois. Marcello a hurlé dans son lit pendant deux heures. Nous n'avons pas fermé l'œil. Nous l'avons écouté crier en nous soutenant l'un l'autre. Puis il s'est endormi. Deux heures dans nos vies de parents, c'est long. Dans la vie d'un bébé de neuf mois, c'est trente fois plus long.

Le lendemain, comme le livre le conseille, nous avons agi de même. Marcello s'est à nouveau réveillé au milieu de la nuit, et cette fois il n'a pleuré qu'une heure avant de rendre les armes.

Le surlendemain, il ne s'est pas réveillé pendant la nuit, et il a même dormi exception-nellement tard le matin. Nous nous sommes félicités d'avoir appliqué cette méthode ; nous

nous trouvions chanceux de n'avoir eu que deux nuits à souffrir, car le livre nous en promettait cinq ou six.

Une semaine plus tard, Marcello n'avait toujours pas rechuté. Nous pensions l'affaire réglée. Nous partîmes pour un voyage prévu de longue date, dans une maison de famille, en Italie. Dès la première nuit dans ce nouveau décor, Marcello se réveilla en pleurant. Une demi-douzaine de personnes dormaient là avec nous, dont ma sœur, mon père, ma tante. Impossible de leur infliger une heure de hurlements. Surtout qu'au moins l'un des membres de la famille, c'était fatal, allait se récrier contre nos méthodes. Claire est donc allée voir Marcello, l'a pris dans ses bras, lui a donné le sein, il s'est rendormi paisiblement, et tout le bénéfice de nos deux nuits de fermeté fut perdu (c'est du moins ce que nous avons pensé, car le livre nous avait prévenus : tout manquement des parents serait sévèrement puni par un échec complet).

De retour de ce voyage, nous tentâmes de retrouver le gain perdu. Marcello se réveilla, pleura longtemps, et se rendormit. Mais au lieu de continuer ensuite à dormir jusqu'au matin, comme il l'avait fait les premières fois, il se réveilla à nouveau une heure plus tard, et pleura encore toutes les larmes de son corps. C'en était trop pour nos cœurs de parents. Nous renonçâmes à torturer notre enfant, mais nous ne revînmes pas non plus à nos anciennes habitudes. Nous fîmes pire (du point de vue des auteurs du livre, que nous appelions désormais « le livre méchant ») : nous installâmes un matelas dans la pièce à côté de sa chambre, et chaque fois qu'il se réveillait, au lieu de passer une heure à le bercer pour qu'il se rendorme, nous arrivions tous les deux, le prenions avec nous, et il se rendormait très vite en tétant sa mère. Pourquoi déplacer les deux parents, alors qu'un seul était nécessaire ? Parce ce que mes certitudes sur le rôle du père comme séparateur n'avaient pas disparu, et je ne voulais pas que mon fils passe la moitié de la nuit seul avec ma femme. Le problème était résolu : les réveils de Marcello ne nous tiraient du sommeil que le temps du trajet jusqu'au matelas, et nous nous rendormions tous les trois pour finir la nuit assez tranquillement. Quand il eut treize ou quatorze mois, Claire lui dit qu'il ne pouvait plus téter la nuit, ce qu'il accepta de bonne grâce, remplaçant la tétée par un câlin. Il continua à se réveiller, et à nous réveiller, mais au moins ces interruptions étaient réduites et nous dormions tous à peu près bien.

Pourtant je tentai encore quelque chose pour que les réveils cessent : je décidai que Claire n'irait plus dormir avec lui, et que j'irais seul. Officiellement, pour priver Marcello de la gratification de voir sa mère. Officieusement... Il serait difficile de nier le résultat le plus évident : comme il a continué à se réveiller systématiquement, j'ai dormi seul avec mon fils, et ma femme seule dans le lit conjugal, toutes les nuits pendant six mois. Oui, je sais, ça sonne assez sinistrement. J'étais mal à l'aise, et Claire m'a avoué plus tard qu'elle était triste de ne plus dormir avec lui. Nous aurions dû nous le dire et faire ce qu'il nous plaisait. Mais nous étions aveuglés par le soupçon latent qu'un enfant qui dort avec ses parents a des visées œdipiennes sur sa mère. Et je pensais *in petto* : « Tu sépares tes parents, petit sacripant, mais tu n'auras pas ta mère. » Que moi j'avais, du coup, mon fils pour moi tout seul ne m'a jamais sauté aux yeux. Et à propos d'Œdipe, vous vous souvenez comment il finit ? Aveugle.

Parallèlement, le coucher durait de plus en plus longtemps. Jusqu'à son sevrage, à quinze mois, Marcello s'était endormi le soir en tétant.

Quand il eut renoncé de lui-même au sein maternel, il se retrouva incapable de s'endormir tout seul. Je devais donc lui tenir compagnie. Pourquoi moi ? Parce qu'à cette heure-là Claire préparait notre repas, prérogative qu'on ne peut pas lui contester une fois qu'on a goûté sa cuisine. Le temps passé auprès de lui s'allongea de trente minutes à une heure, puis une heure et demie. Je devenais dingue. Chaque fois que je le croyais endormi, le moindre grincement le réveillait et il me réclamait. Le laisser pleurer était exclu, depuis notre triste tentative de *ferbérisation*, six mois plus tôt. Un soir où le cirque dura deux heures, Claire prit enfin les choses en main, elle entra dans la chambre où j'attendais que Marcello s'endorme, me libéra et dit à notre enfant qu'il devrait dorénavant s'endormir seul. Il pleura un peu, mais pas longtemps car il était épuisé par deux heures de lutte contre le sommeil. Il s'endormit seul et surtout… il ne se réveilla pas cette nuit-là. Ni les suivantes. Il allait avoir deux ans. Et depuis ce jour-là, sauf cauchemar ou incident, il dort sans interruption. Les couchers ont continué à être difficiles, mais de moins en moins car les deux partis – parents et enfant – y ont mis du leur. Aujourd'hui, à quatre ans, Marcello s'endort en

cinq minutes et ne se réveille la nuit qu'excep-
tionnellement – il est d'ores et déjà, sur ce point,
plus performant que sa mère.

La seule difficulté que nous rencontrâmes
avec l'expédient du matelas intermédiaire où
nous finissions la nuit tous ensemble, c'est que
ma belle-mère fut outrée : l'allaitement long,
passait encore, mais dormir avec son bébé d'un
an, elle hésitait à prévenir les services sociaux.
Claire lui offrit un livre sur ce que l'on appelle,
parmi les mamans maternantes, le « cododo ».
Et ce fut une révélation. Ma belle-mère fut totalement convaincue par cette lecture, elle s'excusa
même d'avoir douté de nous. Plus tard – le
temps que le traumatisme refoulé remonte des
profondeurs de l'inconscient – vint une autre
révélation : Claire avait pleuré toutes les nuits
dès l'âge de trois mois jusqu'à un an et demi, et
sa mère, qui était célibataire, ne l'avait jamais
prise avec elle dans son lit. Parce qu'on lui avait
dit que ce serait mauvais pour elles deux, et
qu'elle l'avait cru. Claire passait ses journées avec
une nounou, et voyait très peu sa mère qui
travaillait. Elle aurait voulu passer du temps avec
elle la nuit. Mais cela « ne se faisait pas ».

Aujourd'hui nous regrettons infiniment de ne
pas avoir pris plus tôt la décision de dormir avec

Marcello quand il en avait besoin, et d'avoir passé des heures à le bercer dans son lit au lieu de l'accueillir dans le nôtre. Il se réveillait au milieu de la nuit, et ne risquait donc pas de nous empêcher de faire l'amour, nous avions pour cela les soirées – et même, heureux que nous sommes, les après-midi. Je regrette surtout d'avoir laissé s'accumuler entre lui et moi, à cause de ses problèmes de sommeil et de mes mauvaises décisions face à eux, des heures et des heures de fâcherie, de mécontentement, de frustration. D'avoir entamé ainsi le capital de patience auquel un petit garçon a droit de la part de son papa, une patience dont j'aurais eu bien besoin à d'autres moments – par exemple pendant la fameuse « période du non », à trois ans.

L'éditrice de ce livre, Laurence, m'a fourni un jour le moyen d'apurer légèrement ce passif avec Marcello. Je lui racontai, à peine plus synthétiquement que je viens de le faire, l'histoire du sommeil de Marcello, qui devait constituer un chapitre important de mon récit, et elle me demanda :

— Mais à quelle heure se couche-t-il, cet enfant ?

— Entre 19 h 30 et 20 h 30, selon qu'il a fait la sieste ou pas, répondis-je.

— Et à quelle heure se lève-t-il ?

— Entre 6 et 7 heures.

— Et il se réveille la nuit ?

— Non, pratiquement plus depuis qu'il a deux ans. Il a un peu recommencé au moment de la naissance de son frère, mais ça s'est calmé depuis.

— Alors ton fils n'a aucun problème de sommeil. Il dort onze heures par nuit, pour un enfant de trois ans et demi c'est suffisant, en tout cas à lui ça semble suffire. J'ai eu cinq enfants, cinq garçons, et crois-moi un vrai « problème de sommeil » c'est une autre paire de manches.

— Oui, c'est vrai… Tu as raison. Il a eu des problèmes mais il n'en a plus. Sauf qu'il met encore longtemps à s'endormir.

— Laisse-moi te raconter comment on couche les enfants dans la famille de ma belle-fille, qui est tunisienne. C'est bien simple : on ne les couche pas. Ils s'endorment où ils sont quand ils ont sommeil. Et on les porte dans leur lit. Le rituel du coucher, chez eux, ça n'existe pas. Et je crois que c'est la méthode traditionnelle dans le Bassin méditerranéen.

Ce dialogue m'apprit deux choses.

La plus générale, c'est que demander aux enfants de se coucher et de s'endormir à l'heure et à l'endroit que nous avons décidés pour eux ne va pas de soi.

La plus personnelle, c'est que ma constante inquiétude à l'idée que Marcello ne dorme pas assez était infondée, et qu'elle me venait sans doute d'avoir lu quelque part (le souvenir resurgit à ce moment-là) qu'un enfant de trois ans devait dormir treize heures, sieste comprise, alors que Marcello ne faisait plus la sieste, et se levait le matin après, au mieux, onze heures de sommeil seulement. Mais, par ailleurs, je sais très bien que les humains ne sont pas égaux devant le sommeil. Personnellement, j'ai besoin de huit heures en hiver et sept heures en été, alors que Claire ne peut rien faire à moins de neuf heures, et n'est vraiment reposée qu'après dix heures dans les bras de Morphée (mon seul rival). Mon meilleur ami, lui, dort cinq heures par nuit, souvent en plusieurs fois. Marcello, avec son rythme de sommeil, ne donnait aucun signe de somnolence à l'école, et se trouvait prêt à s'endormir précisément à l'heure d'aller au lit, entre 19 h 30 et 20 heures. Tout était donc parfaitement réglé, et par aveuglement je ne cessais de presser ce petit bonhomme pour que ce soit encore mieux, c'est-à-dire plus conforme à des normes absurdes. À ma décharge, les heures passées jadis à l'endormir et à le rendormir, de jour comme de nuit, avaient sans doute troublé mon jugement.

Le soir qui suivit cette conversation avec mon éditrice, j'étais au chevet de Marcello pour lui lire son histoire. Et au moment de lui dire bonne nuit, je lui rapportai ma conversation de l'après-midi : « Tu sais aujourd'hui j'ai vu mon amie Laurence, et je lui ai dit que j'étais inquiet parce que j'avais peur que tu ne dormes pas assez. Elle connaît très bien les enfants, en plus elle a cinq fils, et elle m'a dit de ne pas m'inquiéter, qu'en te couchant à 20 heures et en te levant à 7 heures, comme tu le fais presque tous les soirs, tu avais assez de sommeil, et que c'était très bien. »

Je n'oublierai jamais le regard de Marcello. Comme il était déjà en voie d'assoupissement, l'information a cheminé un peu avant d'atteindre le bon lobe de son cerveau. Soudain il a ouvert grands ses yeux de manga et il m'a demandé « C'est vrai ? », avec cette envie de rire qui chez lui accompagne la joie des bonnes surprises et des cadeaux. J'ai acquiescé, et il m'a sauté au cou pour me faire un gros câlin. J'ai profité qu'il avait la tête sur mon épaule pour serrer fort mes paupières sur un début d'humidité.

Ému par cette scène, j'ai voulu, un autre soir, le rassurer aussi sur le temps qu'il mettait à s'endormir : « Je sais que pour toi c'est difficile de t'endormir seul, mais ce n'est pas grave, j'attendrai. Même si quelquefois je suis impatient, je ne t'en veux pas. Ta maman, tu sais, elle met souvent une heure à s'endormir après avoir éteint la lumière. » Cette fois-ci, pas d'effusion de Marcello, il a seulement eu l'air soulagé, m'a questionné sur sa maman, et puis s'est endormi. Depuis je me demande si j'ai bien fait de lui dire « pour toi c'est difficile de t'endormir », au risque de figer cette difficulté qui aurait pu, sinon, se dissiper avec l'âge. Mais en réalité elle est en train de se dissiper, lentement. Je passe aujourd'hui une dizaine de minutes au chevet de Marcello à attendre qu'il s'endorme, souvent moins, rarement plus. Et je suis presque toujours heureux de le faire.

Cette épopée du sommeil vécue avec Marcello nous a-t-elle au moins été utile avec son petit frère ?

Non, parce que ces deux enfants, qui se ressemblent physiquement, sont assez différents dans leurs comportements, et que Virgile n'a pas les mêmes besoins ni les mêmes difficultés que Marcello : il n'aime pas être dans le lit de ses parents, le bercement ne lui fait ni chaud ni froid, ni les chansons de son papa (alors que Marcello s'est endormi pendant sa première année chaque fois que je lui chantais *Look for the Silver Lining*, et pendant la deuxième en écoutant *La Folle Complainte* puis *Syracuse*).

Mais oui nous avons tiré une leçon de nos erreurs : nous ne reproduirons pas avec Virgile les expériences désastreuses tentées sur Marcello, et nous n'exigerons pas de lui qu'il « fasse ses nuits » comme on doit « faire ses devoirs ». Ainsi, à un an passé, Virgile a-t-il un sommeil plutôt erratique. Il lui arrive souvent de se réveiller pendant la nuit, mais il se rendort très vite, parfois seul, le plus souvent si je vais faire « chut » à côté de son lit, en dernière extrémité avec le sein de sa mère. Et pendant de longues périodes il a oublié de se réveiller, et dormi dix heures d'affilée, ce qui constitue une « nuit » pour un bébé de son âge, allaité ; mais comme il se couche tôt et se réveille tôt, nous le retrouvons entre 5 et 6 heures prêt à téter et à jouer. Sa mère reste avec lui et, en général, il se rendort au bout d'une heure et demie. C'est pénible, mais pas tant que cela, nous avons connu pire avec Marcello et nous nous sommes habitués, et nous ne ferons rien pour essayer de changer le rythme de Virgile, sinon attendre. Nous pourrions essayer de le coucher plus tard, mais curieusement, l'heure du coucher semble n'avoir aucune influence sur l'heure du lever – même phénomène chez son aîné, qui se lève à 7 heures même quand il s'est endormi à 22 heures. Quant aux siestes, Virgile en fait une le matin ou en début d'après-midi, et de temps en temps une autre, plus ou moins longue, en milieu d'après-midi. Bref, il dort quand il a sommeil, et il n'a jamais sommeil au même moment deux jours de suite (sauf le soir, où il a visiblement choisi 19 h 30 comme heure de coucher).

Laisser les enfants dormir (à peu près) comme ils veulent et surtout comme ils peuvent me paraît le meilleur conseil que j'aurais pu recevoir avant d'être père. Personne ne me l'a jamais donné. Je me revois, arpentant le couloir en balançant le couffin pour endormir Marcello tout bébé, et dans l'autre main tenant un téléphone où je déclarais à mon père que « l'une de mes missions est d'aider mon fils à construire son sommeil ». Et mon père de répondre : « Je sais que tu es un très bon père. » Après un dialogue pareil, aussi solennel et lourd d'engagements, allez prendre les bonnes décisions. Mon père, lui, s'est souvent vanté de m'avoir bercé tout en écrivant sa thèse de médecine, et de m'avoir emmené dans sa 2 CV faire le tour du quartier pour m'endormir – ce que ma mère nuance : « Il l'a fait une fois. » On voit que dans ma lignée le sommeil des fils est l'affaire des pères. Ajoutez à cela que Claire prétend n'avoir jamais été insomniaque avant de me connaître, et vous jugerez de la pression qui pesait sur mes épaules – et par contrecoup sur celle de mon pauvre fils aîné.

Ayant cessé de me croire responsable du sommeil de mes enfants – vaincu non sans combattre par la souveraine réalité –, je me rends compte qu'ils trouvent leur équilibre de repos non pas forcément sur vingt-quatre heures mais plutôt sur quarante-huit. Leur imposer la régularité d'un rythme quotidien est une lubie, la tentation de tayloriser le monde fragile des rêves.

Quand vous lirez ces lignes, mes fils chéris, sachez que je regrette de vous avoir si mal compris quand vous étiez si petits. Ma seule excuse, c'est que je n'avais pas eu d'enfant avant vous, et que personne au monde ne vous avait eus, vous, comme enfants.

8. Pleurer comme un enfant

Claire, qui passait des heures sur les forums de mamans, et suivait de sites en livres toutes les pistes de réflexion qu'elle y trouvait, lut un jour qu'un enfant de six mois pleurait en moyenne deux heures et demie par jour. Cette statistique (assez stupéfiante si on y réfléchit) devait servir à rassurer les parents dont les enfants pleurent beaucoup. Mais elle était livrée sans précaution à ceux dont les enfants pleurent peu. Hélas nous en étions. Vérification faite, Marcello, qui était la gaieté même, adorait la crèche, et dormait assez bien depuis qu'il finissait la nuit avec moi, ne pleurait pas plus d'une demi-heure par jour. De là à penser qu'il ne pleurait pas assez, qu'il gardait en lui d'obscurs motifs de plainte, qu'il se laissait ronger par des chagrins insoupçonnés, il n'y avait qu'un pas, que nous franchîmes avec notre optimisme habituel. Claire dénicha, bien sûr, un livre consacré au sujet : *Pleurs et colère des enfants et des bébés*, d'Aletha Solter, qui conseillait d'encourager l'enfant à pleurer chaque fois que l'on sentait en lui une tension accumulée. Le résultat fut étonnant : dès la première tentative, Marcello vint assez volontiers se lover dans les bras de sa mère et, sans qu'elle ait besoin d'insister, il se mit à verser des larmes en gémissant doucement, d'une manière qui ne trahissait ni chagrin ni colère, mais plutôt un soulagement consenti. La toute première fois, il pleura ainsi pendant une heure. Par la suite, les séances étaient moitié plus courtes, mais trente minutes de larmes libératrices, c'est long pour un petit garçon qui pourrait être en train de jouer. Il ne se déroba jamais, pleura presque chaque fois, et en sortit chaque fois détendu et de bonne humeur.

L'habitude se perdit quand Claire fut enceinte de Virgile, car sa grossesse fut très fatigante pour elle. Aujourd'hui, après avoir pleuré moins que la (supposée) moyenne, Marcello pleure plus souvent que beaucoup d'enfants de son âge, pour un bonbon refusé, un petit bobo, un conflit. C'est d'autant plus surprenant pour les regards extérieurs qu'il est taillé comme un mini-rugbyman, et là où des freluquets encaissent les chutes et rebondissent, il ne manque jamais d'ouvrir un large bec et de crier sa frustration, sa rage et sa douleur. Nous ne lui avons jamais dit que les grands garçons ne pleuraient pas. Je compte sur les remarques de ses camarades pour l'informer de cette convention sociale.

9. CES BÉBÉS AUX BESOINS INTENSES

Une autre lecture changea notre regard sur le comportement de Marcello. C'est, encore une fois, Claire qui tomba au hasard de ses recherches sur la notion d'« enfant aux besoins intenses », développée par un certain docteur Sears. Par son exigence, dans ses premiers mois, d'être toujours dans les bras et en mouvement, par sa difficulté à s'endormir et ses réveils fréquents, par son hypersensibilité aux bruits, par la violence de ses émotions (et par les médailles de ces revers : une attention visuelle et auditive extraordinaires, une grande curiosité pour les gens, une intelligence précoce), Marcello semblait appartenir à cette catégorie, qui concerne, d'après son théoricien, 25 % des bébés. Cette révélation arriva, là encore, tardive-ment : notre enfant exprimait ses « besoins intenses » depuis déjà plus d'un an, et depuis plus d'un an nous réagissions par l'incompréhension, l'inquiétude, et l'alternance probablement désastreuse de la patience et de la colère.

Son premier effet fut rassérénant. Claire se sentit moins coupable des sentiments de lassitude et d'exaspération que provoquaient les demandes de son bébé : elle n'était pas une mauvaise mère, c'était Marcello qui était un bébé difficile.

Le deuxième effet fut, surtout pour moi, un état de qui-vive : contrairement à ce que mes parents m'ont laissé entendre, élever un enfant ne va pas de soi. Ma mère lance volontiers des affirmations générales sur les enfants, « les enfants sont angoissés », « les enfants sont plastiques », « les enfants s'adaptent », et son préféré « les enfants ça doit pas faire chier ». Mais si 25 % des bébés ont des « besoins intenses », alors tous les enfants ne sont pas pareils. Ils n'ont pas tous les mêmes besoins, ils n'ont pas tous les mêmes moyens d'expression... il n'y a donc pas de méthode qui s'applique à tous. Claire et moi allions devoir mettre au point, à peu près seuls, la meilleure méthode pour élever ce bébé-là, qui ne supportait pas d'être seul et immobile.

Si nous n'avions pas eu vent de cette théorie des « bébés aux besoins intenses » (dont j'ignore encore aujourd'hui si elle présente la moindre validité scientifique), nous aurions subi ces débuts difficiles sans rien y comprendre, sans savoir comment y faire face, sans savoir si notre attitude était appropriée, ce qui n'aurait sûrement pas manqué d'inscrire au fond de nous une blessure, une anxiété, une inquiétude vis-à-vis de notre enfant jamais content.

Le troisième effet fut de me convaincre définitivement qu'il faut, en général, donner aux bébés ce qu'ils demandent, et ne pas se croire le juge de ce qui leur est nécessaire et de ce qui leur est suffisant. C'est dans un livre d'Edwige Antier que j'avais lu, avant même la naissance de Marcello, ce conseil qui allait s'avérer, après l'épisode des « besoins intenses », l'un des plus troublants, des plus justes et des plus utiles : jusqu'à deux ans, dit-elle, mieux vaut donner aux enfants ce qu'ils demandent que le leur refuser – le sein, les bras, manger, dormir, bercer, etc. En le leur refusant, certes on leur apprend à s'en passer, mais on ne fait pas disparaître le besoin. L'enfant renonce à exprimer son besoin et s'habitue à la frustration. Mais le manque réapparaîtra, un jour ou l'autre, sous une autre forme biaisée (éventuellement psycho-somatique ou névrotique). Alors qu'en donnant on a de grandes chances que le besoin disparaisse de lui-même avec le temps. J'ai un excellent exemple avec Marcello : j'ai donné BEAUCOUP de mon temps, de mon sommeil et de ma patience pour l'aider à s'endormir le soir, et à se rendormir la nuit. J'ai cru parfois atteindre les limites du désespoir. Aujourd'hui il s'endort en moins de cinq minutes et ne se réveille pratique-ment plus jamais. Je crois vraiment que l'endor-missement était pour lui un problème, et qu'en l'accompagnant, c'est-à-dire en restant auprès de lui comme il me le demandait, je l'ai aidé à le résoudre. J'aurais pu le laisser seul, avec sa peur, ses larmes et ses cris, comme cela est conseillé par la plupart des livres et pratiqué par la plupart des parents. Sa mère et moi avons essayé, comme je l'ai raconté. J'aurais pu insister. Mais je l'aurais fait sans conviction, par complaisance envers cette idéologie de la frustration. En l'absence de tout avis extérieur, je sais que je n'imposerais jamais à mes enfants d'affronter seuls ce qui leur fait peur, et que je ne les priverais jamais de ce qui est important pour eux.

10. LE GRAND AFFRONTEMENT

Je ne sais pas si c'est en rapport avec sa nature de bébé aux besoins intenses, ou avec ma propre nature de père trop présent et d'homme conciliant, mais « la période du non », cap classique du développement chez l'enfant autour de trois ans, a été chez Marcello particulièrement longue et pénible. Entre deux ans et demi et quatre ans – soit pendant près de la moitié de sa jeune vie – il a été infernal. Une année et demie pendant laquelle sa mère a été enceinte, souvent malade et très fatiguée (à partir d'octobre 2009), son petit frère est né (fin juillet 2010), et l'école a commencé (en septembre 2010). Comme je l'ai dit en préambule, c'est au cours de cette période que l'idée et l'envie de ce livre ont germé. Les sentiments violents, contradictoires, douloureux que j'ai éprouvés au long de ces dix-huit mois, non seulement envers mon enfant mais aussi envers ma femme, mes parents et beaux-parents, et parfois même envers la société tout entière et peut-être même les lois de la nature voire de l'univers, bref, cette expérience de l'affrontement avec sa progéniture m'a paru assez commune pour intéresser mes semblables. Et j'ai même été conduit à penser que l'hostilité de mon fils de trois ans n'était pas d'une nature différente de celle que manifesterait un adolescent. Les parents d'adolescents pourraient donc se retrouver, plus ou moins, dans mon témoignage – ou du moins rire de ma naïveté et s'aérer à ma fraîcheur.

Quand Marcello a cessé de se réveiller, et de me réveiller, toutes les nuits, il s'est donc mis à refuser systématiquement d'obéir. L'habiller, le laver et le faire manger réclamaient – selon les moments et l'humeur de ses parents – des trésors d'ingéniosité, de lourds déploiements de force ou des torrents d'énergie vocale. Il mettait un point d'honneur à ne jamais faire ce qu'on lui demandait, et moi (c'est le plus souvent à moi que le maintien de l'ordre incombait, car Claire était accaparée par le nouveau bébé), je m'efforçais de ne pas céder et d'obtenir satisfaction. Je voulais être ferme et calme, mais sa mauvaise volonté et ses provocations me mettaient souvent en colère, et ma colère m'effrayait parfois moi-même. Je suis un peu soupe au lait, je l'avoue, mais personne ne m'a mis plus en colère que ce petit garçon que j'adore. Je n'ai jamais levé la main sur lui, mais deux ou trois fois j'ai dû me retenir. Ma femme s'y prenait autrement, criait moins, négociait moins, avec des résultats un peu meilleurs, mais je pense que si elle avait eu affaire au rebelle aussi souvent que moi (tous les jours j'assurais le lever, je l'emmenais à l'école, j'allais souvent le chercher à la place de la nounou, et je le couchais) elle aurait sans doute souffert autant que moi.

Les grands-parents assistaient atterrés à ces incidents, qui étaient d'ailleurs plus fréquents en leur présence. Leur réaction ne fut jamais de nous plaindre ou de nous proposer leur aide, mais toujours de critiquer notre attitude – en particulier la mienne, puisque j'étais plus souvent en première ligne. Il suffisait que l'on me voie, dans une journée semée de rixes, mollir une seule fois, céder fugitivement à la lassitude de ces disputes, pour que la cause soit entendue et que le verdict tombe : j'étais laxiste. Je faisais trop de cas des désirs de l'enfant. Peut-être même l'avais-je – malheur à moi ! – *placé au centre...* Jamais on ne voyait en moi un père à bout de forces, de patience et d'arguments, jamais un mot de soutien, jamais une main compatissante sur mon épaule. À la moindre occasion, c'est un procès qui s'ouvrait, un procès dont les pièces à charge sont bien connues, puisqu'elles servent à tous les grands-parents pour s'en prendre aux parents, et aux institutions en général pour s'en prendre aux familles : le procès en laxisme. Le procès en mollesse. Vous êtes gentils avec vos enfants, eh bien voilà comment ça finit : vos enfants seront méchants avec vous. Et avec tout le monde. Vous en avez fait des délinquants ! Des monstres ! Vous serez leurs premières victimes, mais pas les dernières !

Ces prophéties implicites étaient d'autant plus inquiétantes qu'elles venaient de gens qui aimaient Marcello, et qui connaissaient les enfants. Ma mère et ma belle-mère sont même professeurs. Elles se vantaient d'ailleurs qu'avec elles, le petit saligaud filait doux, et je veux bien le croire.

Mon père, lui, moins sévère, résumait la situation d'un laconique : « Cet enfant ne sait pas obéir. » Difficile tout de même de ne pas entendre dans ces mots « ses parents ne lui ont pas appris à obéir ». Surtout que les paroles d'un psychanalyste ont souvent force d'oracle. Mais ce jugement était en réalité inexact : 1/ Marcello obéissait très bien quand il était à l'école ou au centre de loisirs et 2/ il finissait par obéir à ses parents quand nous utilisions des ruses, des promesses ou des menaces. Il n'a jamais sauté un repas ni un bain, et bien sûr il n'est jamais allé à l'école en pyjama. Cependant je pense que ces mots de mon père ont touché juste, comme je l'expliquerai plus tard.

En examinant de près la rébellion de Marcello, je constatai qu'il refusait d'obéir quand on lui *demandait de faire* quelque chose – mais beaucoup moins quand on *l'empêchait de faire* quelque chose. Son esprit de bravade ne le conduisait ni à se mettre en danger ni à importuner les tiers. Pour résumer, il ne supportait pas ces situations de la vie quotidienne où ses parents exerçaient un droit sur son corps : se laver, s'habiller, se nourrir et aller se coucher. Et je dois dire que je le comprenais assez bien. Ce qui me faisait enrager, probablement, c'est qu'il me mette, par son refus d'obéir, à la place du tyran contre lequel toutes les révoltes sont légitimes, qu'il rompe la complicité que j'avais avec lui depuis sa naissance, tissée de chansons, de jeux, de bienveillance et d'attentions. À part ses réveils nocturnes, je n'avais eu jusque-là qu'à me réjouir de nos rapports, tendres et rieurs. Mais voilà que soudain, parce qu'il avait acquis une autonomie de mouvements, une maîtrise du langage et une volonté propre, mon obligation de soins lui devenait odieuse. Moi, je devais lui imposer ce minimum de contraintes, mais il avait, lui, toutes les raisons de ne pas l'accepter : ce corps que je devais vêtir, nettoyer ou sustenter, c'était *le sien*. Avouons à ma décharge qu'il y a de quoi se méprendre : jusqu'ici, je n'avais eu un tel engagement de soins qu'envers moi-même. Pendant les premiers temps de la vie de mon fils, j'avais eu sur lui un droit d'accès et une intimité à la hauteur de mes devoirs. Mais en grandissant et en devenant autonome, il acquérait son *habeas corpus*, et ma prétention à faire faire à ce corps ce que je devais (manger, se vêtir et dévêtir, dormir) n'allait plus de soi. L'année passée à nous disputer constamment autour de ces obligations, c'est en fait, me semble-t-il, le temps nécessaire au changement de contrat entre nous. Jusque-là, je disposais du droit du plus fort. Le pilier de la nouvelle législa-tion fut, je crois, une phrase qui provoqua toujours chez Marcello, au cœur des disputes, un effet de sidération, et que je m'appliquais donc à prononcer chaque fois que nécessaire : « Je suis ton père et tu dois m'obéir. » La force se faisait verbe ; il fallait passer du fait (je t'attrape et je te change ta couche quoi que tu en penses) au droit : tu dois m'obéir parce que je suis ton père. Et pour la même raison je dois m'occuper de toi.

Avant d'être père, j'avais peu d'idées sur l'éducation. J'avais celle-ci par exemple : je croyais qu'il était dans mon rôle d'apprendre la frustration aux enfants. Je tenais ce dogme principalement de ma mère, qui n'a jamais accédé aux demandes de ses enfants qu'avec la plus grande prudence et le moins souvent possible, même si mon père, en psychanalyste orthodoxe, place lui aussi la frustration absolue (l'interdit de l'inceste) au centre de la nature humaine. Sur cette question, il n'y avait donc pas, dans mon environnement familial, de place pour le doute : frustrer les enfants est la pierre angulaire de toute bonne éducation. Mon rôle consisterait à savoir dire non.

Mais la première faille dans cette certitude n'a pas tardé à apparaître, quand j'ai constaté que la vie d'un petit enfant était faite, dès l'origine et par nature, de frustrations permanentes : rester tout le temps avec maman, impossible ; dormir avec ses parents, interdit ; se déplacer, soumis au bon vouloir des parents ; attraper l'objet désiré, très difficile ; se faire comprendre, très aléatoire. Je n'avais pas besoin de lui « apprendre » la frustration, car sa condition de bébé en était d'avance pétrie. Entre un et trois ans, l'enfant trouve peu à peu le moyen de remédier à certaines de ces frustrations fondamentales : il apprend à se déplacer, à se faire comprendre et à accéder à ces objets, autour de lui, qui le narguent depuis sa naissance. Mais dès lors ses parents, qui jusque-là étaient ses bras, ses jambes et ses pourvoyeurs, deviennent des empêcheurs. Car l'étape du refus systématique, cette « période du non » qui survient vers trois ans, est précédée, on le néglige, par une période où ce sont les parents qui, oubliant babils et risettes, se mettent à dire « non » tout le temps : non ! pas la prise, non ! pas le vase Ming, non ! pas l'escalier. Non ! pas manger avec les doigts ! Non, pas dessiner sur les murs ! Non, pas éteindre la télé pendant que je la regarde ! Contrairement à mes prévisions, je n'avais éprouvé aucune difficulté à dire « non » : je disais non toute la journée à ce petit bonhomme que son instinct et ses gambettes musclées portaient à tout explorer et tout essayer. Marcello, devenu suffisamment maître de son corps et de son langage, me rendait donc la monnaie de ma pièce. Je devais à présent apprendre à dire « oui » : oui malgré les risques, oui même s'il m'en coûtait un peu d'inconfort, oui quand l'intérêt de l'enfant, aux deux sens du mot intérêt, peut l'emporter sur d'autres considérations matérielles. Mais, bien sûr, oui à bon escient, et non quand il le fallait.

Aux parents comme moi, aux parents d'aujourd'hui en mal de certitudes, la doxa contemporaine fournit une bouée sur laquelle il est écrit : « Les enfants ont besoin de limites et de règles. » La psychanalyste Claude Halmos a souvent, sur les ondes et dans les journaux, répété cette antienne. Assertion simple à comprendre, facile à admettre, et rassurante : puisque les enfants en ont besoin, on leur fait du bien en les leur imposant.

Mais assertion trompeuse. D'abord, il suffit d'observer trois enfants pour constater que tous n'ont pas besoin des mêmes limites, que tous ne sont pas égaux devant l'interdit. Marcello, par exemple, pendant sa période réfractaire, ne pouvait pas s'empêcher de jeter : un caillou, un jouet, ses chaussures ; et il nous frappait quand il n'était pas content. Ne pas jeter et ne pas frapper furent nos lignes de front. Mais il n'a jamais mis les doigts dans la prise, (presque) jamais traversé seul la route devant la maison, jamais dessiné sur les murs, jamais cassé volontairement quelque chose, jamais mordu ni frappé un camarade, au contraire de beaucoup de ses congénères.

Par ailleurs, c'est un enfant pour qui il est très désagréable d'obéir. Je connais d'autres enfants qui n'y attachent pas (ou pas autant) d'importance, qui sont d'accord pour obéir la plupart du temps – moi-même j'étais de ceux-là. Pour Marcello, obéir – en particulier à son père – demande un gros effort, et dès qu'il est fatigué cet effort peut devenir insurmontable.

Certains soirs, c'est net, il préfère endurer les réprimandes et la colère de ses parents parce que l'obéissance est au-dessus de ses forces. D'autres enfants, au contraire, désobéissent par trop plein d'énergie. Marcello, quand il a bien dormi et qu'il est en pleine forme, devient plus facile. Il convient donc de ne pas le placer tout le temps en situation de devoir obéir, et de choisir aussi souvent que possible de lui faire confiance, de le responsabiliser, de lui donner raison le cas échéant, et même quelquefois, stratégiquement, de céder. Je sais que je profère là une hérésie, mais j'affirme qu'avec un enfant – du moins avec cet enfant-là – céder de temps en temps, accepter qu'il n'obtempère pas (qu'il ne finisse pas son assiette, qu'il joue encore une fois avant d'aller se coucher, qu'il ne se lave pas les dents pour un soir) provoque une détente, une trêve, bénéfique aux deux parties, et n'entraîne ensuite de sa part aucun abus, aucune tentative d'accroître l'avantage. Croire qu'en cédant on dévoile sa faiblesse, que l'on montre à l'enfant la possibilité de prendre le pouvoir, est une erreur : en cédant on montre au contraire que l'on a aussi le pouvoir de céder, et celui de choisir le moment où l'on cède. D'ailleurs, l'erreur principale est de croire que l'autorité du parent sur l'enfant est une affaire de pouvoir. Le pouvoir n'est pas à l'un ou à l'autre. Il est toujours au parent, qui décide ou pas d'en faire usage, et qui en fait usage avec les moyens (physiques, intellectuels, psychiques, moraux) qui sont les siens. Les parents des enfants tyrans sont évidemment des esclaves volontaires. En général ce sont des parents qui se refusent à exercer leur pouvoir naturel, ou n'en sont pas capables.

11. L'ART DE LA RÈGLE

Outre la diversité des caractères devant la contrainte, qui fait de Marcello un enfant si différent de celui que j'étais, l'injonction d'imposer à ses petits des règles et des limites pose une autre question épineuse, dont les psychologues médiatiques et autres conseilleurs d'ambiance semblent n'avoir aucune conscience : comment édicte-t-on une règle ? Car la nécessité de les imposer ne rend pas plus facile l'art délicat de les énoncer.

Rappelez-moi à qui revient, dans l'Ancien Testament ou le Coran, la mission de fixer les commandements sur lesquels tous les hommes devront régler leur conduite ? Aux Prophètes ? Même pas. Seul Dieu est assez sage et assez respecté pour fixer des règles. Moïse et Mahomet ne sont que ses porte-parole (quant à

Jésus, il est Dieu fait homme). Comment pourrais-je, moi, humble plumitif peu porté sur l'autodiscipline, père tardif sans expérience, élève de philosophes anachroniques et souvent libertins, athée de naissance plus pointilleux sur l'honneur et le goût que sur la morale, comment pourrais-je élaborer le code juste et équilibré qui devra encadrer mes fils ? Il y faut des règles applicables, justifiables, compréhensibles. Des règles que je ne transgresse pas moi-même, du moins pas sous leurs yeux – ni leur mère, ni leurs grands-parents si possible. Des règles qui conviennent à ces deux frères aux caractères potentiellement différents. Des règles à peu près conformes à celles qu'ils verront appliquées à l'école et chez leurs copains. Quoi ? Je harcèle les drosophiles ? Je cisèle la kératine ? Pas tant que ça. Tenez : à Marseille, on dit « punaise » pour ne pas dire « putain ». Ma belle-mère, par exemple, emploie ce mot même devant ses élèves. Marcello le reprend à l'école, en Normandie : on le lui interdit, car ici c'est un gros mot. Ma femme, elle, dit « merde » chaque fois qu'elle fait tomber quelque chose, et puis elle explique à Marcello qu'il ne faut pas prononcer ce mot en dehors de la maison – en conséquence de quoi il ne rate jamais une occasion de le dire en famille, et en imitant même la voix etouffée de sa mère, quand elle espère ne pas être entendue de lui. Désormais, chaque interjection doit être passée au crible : les mots qu'il ne faut jamais dire, ceux qu'il ne faut jamais dire… en dehors de la maison, ceux qu'il ne faut jamais dire… à l'école, ceux que l'on peut dire chez grand-mère mais pas chez les copains… Heureusement que Marcello se passionne pour le langage et les langues, et que ces exercices de linguistique comparée l'amusent. Mais comment lui faire prendre au sérieux, maintenant, l'interdit sur les gros mots ? Cela dit, il est possible qu'en assistant en direct à l'élaboration poussive de cette règle, il évite de la considérer comme sacrée, et qu'il soit donc moins irrésistiblement porté à la transgresser.

Les règles chez nous ont donc été élaborées en commun. Je ne veux pas dire « démocratiquement au suffrage universel de la cellule familiale ». Je veux dire en tâtonnant, en écoutant, en observant, en accordant le droit à l'erreur aux grands comme aux petits. Et si possible en s'amusant – ce dernier critère n'a pas été le plus facile, ni le plus souvent respecté. Claire est bien meilleure que moi pour tourner les contraintes en comptines, les obligations en cabrioles.

Parfois aussi moins à cheval, je dois dire, sur l'équité du règlement. Ainsi décida-t-elle un jour qu'après avoir pris tous ses repas en regardant des dessins animés, Marcello devrait désormais les prendre dans la cuisine, avec sa mère ou son père pour compagnie – alors que ceux-ci dînent, depuis toujours, avec un plateau devant un film. Je redoute le moment où il va me demander pourquoi nous et pas lui.

Mais pour nombre de situations nous ne savons toujours pas quelle attitude adopter. Par exemple, que faire quand un camarade le frappe à l'école : rendre – et risquer de se faire punir tous les deux ? Se venger plus tard et entrer dans la spirale de la vendetta ? Dénoncer et passer pour un cafard ? Fuir et passer pour un lâche ? Répondre par des mots et passer pour un intello ? Aujourd'hui j'aurais tendance à privilégier la première solution, mais n'ayant jamais eu, de ma vie, à me battre, mon expérience de la violence est purement théorique. Je suis désolé de le dire, j'entends d'ici les pétitions de principe, mais ce problème-là, celui de la réaction à la violence physique, ne se pose pas dans les mêmes termes pour les garçons et pour les filles – ni pour les pères et les mères qu'ils deviennent ensuite. Je crois que Claire, une fois n'est pas coutume, me laisse la responsabilité de trouver la solution. Mais je ne suis arrivé à rien de ferme et définitif. Je ne peux pas dire à Marcello ce qu'il doit faire exactement si un camarade le frappe. Le seul interdit, c'est de frapper le premier.

12. LES COUPS PLEUVENT

Comme je l'ai dit, je n'ai jamais de ma vie donné ni reçu le moindre coup. Mes parents n'ont jamais levé la main sur moi (il paraît qu'une fois mon père m'a flanqué une tape sur les fesses, il s'en veut encore quarante ans après, alors que je n'en garde aucun souvenir). Ma femme a reçu quelques fessées, une gifle, mais rien de systématique. Se faire engueuler, oui, elle et moi avons connu cela et souvent (nous sommes tous deux marseillais, chez nous on a le verbe haut). Mais le châtiment corporel, sauf exception, ne faisait pas partie de l'arsenal répressif. Avec nos enfants, nous ne donnons aucune fessée.

De toute mon existence, je n'ai même jamais eu à me battre physiquement. Deux fois j'ai été provoqué : à dix ans au collège, à vingt dans le métro, mais dans les deux cas des amis s'interposèrent avant que les poings ne fusent. En dehors de ces incidents, je n'ai jamais été mêlé à une bagarre, je n'ai même jamais eu à choisir entre l'affrontement ou la fuite, et donc je n'ai jamais reçu de coups. Jusqu'à ce que mon fils de trois ans se mette à me frapper. Du pied et du poing. Sous le coup de la colère, de la frustration, de la contrainte. Pas envie de se laver les dents ? Assis à côté du lavabo, il agite les jambes et me laboure le ventre. Envie de jouer encore avant d'entrer dans le bain qui l'attend ? Il me bourrerait de coups de poing si je n'attrapais pas ses poignets au vol. À sa décharge, ses coups ne me font aucun mal. Mais ils me mettent instantanément dans une colère noire. Et l'instinct, ici, est intact : si on me frappe, j'ai le réflexe de frapper en retour. Fidèle à mon engagement, je n'ai jamais levé la main sur Marcello, et je ne le regrette pas. Et lui-même désormais réussit à se retenir quand il a envie de me faire payer quelque frustration. Les coups ne font donc plus partie de notre vocabulaire. Mais je lui ai néanmoins fait mal plus d'une fois, en l'empoignant trop vigoureusement quand il s'alourdissait en poids mort, en parant ses bourrades, en le saisissant par le bras pour l'obliger à m'écouter ou l'empêcher de partir. Bref, j'ai pu retenir les taloches et renoncer aux fessées, mais ça n'a pas suffi à éviter les bleus. C'est-à-dire que nous avons écarté les coups, mais non pas toute brutalité.

L'un des principaux motifs pour m'interdire les fessées et autres châtiments corporels, c'est la conviction que la violence des parents engendre la violence des enfants, et qu'un enfant qui ne reçoit pas de coups chez lui n'en distribuera pas à l'extérieur. C'était une double erreur : d'une part mon fils que je ne frappais pas me frappait, lui. Et d'autre part la culture de la violence, si elle est absente du foyer, est extrêmement présente dans la cour de récréation – et dès la crèche. Dans l'école maternelle privée d'une calme petite ville de province – donc loin des cités de banlieue parisienne, loin des atmosphères surchauffées, des classes bondées – j'ai vu de mes yeux les frères se distribuer des horions, les copains pousser les copains rudement sur le goudron, les pieds et les poings jaillir sans prévenir. J'ai vu ces petits garçons de trois à cinq ans se traiter les uns les autres avec une brutalité qui m'effrayait, moi adulte – et qui laissait leurs institutrices parfaitement indifférentes. Comme si la violence était aussi naturelle chez les petits que la goutte au nez et la fringale au goûter.

Claire et moi avons même fini par comprendre que Marcello et sa bande martyrisaient un malheureux garçonnet, prénommé Kevin. Tous les jours, le souffre-douleur essayait de se mêler à leurs jeux, et chaque fois le mot d'ordre était de l'attraper et de lui taper dessus. Nous avons interdit à Marcello – sans illusion – de frapper cet enfant qui ne lui avait rien fait, et je suis allé en parler à la maîtresse, qui m'a dit n'avoir rien remarqué. D'ailleurs, chaque fois que je voyais Kevin à la sortie des classes, il parlait très gentiment à Marcello, bien que celui-ci le batte froid en m'expliquant « c'est pas mon copain ». Kevin n'avait pas un comportement de victime, ou alors de victime consentante. D'ailleurs, quand j'ai vu ce petit garçon avec sa mère, des abîmes se sont ouverts devant moi ; elle lui parlait exactement comme à un chien (« ici ! tout de suite ! »), ne lui accordant ni un regard ni un geste tendre, et j'ai compris pourquoi cet enfant trouvait normal d'être le punching-ball de la bande à laquelle il rêvait d'appartenir. L'année suivante, Kevin avait changé d'école.

Des amis, qui vivent dans le 20e arrondissement de Paris, m'ont confié leur effarement d'apprendre que leur fils de neuf ans était le leader d'une bande dont l'amusement principal consistait à choisir un élève au hasard dans la cour et à le passer à tabac. Si la victime essayait d'échapper au massacre ou se plaignait aux adultes, elle était condamnée automatiquement à une double dose à la sortie. Cet enfant, le fils de mes amis, a été élevé dans le confort et la non-violence par des parents aimants. Ni lui ni mon fils de quatre ans ne sont de futurs délinquants, ni des cas sociaux, de ceux que les bureaucrates contemporains voudraient désigner à une surveillance précoce. Mon fils est un enfant charmant, intelligent, affectueux. Mais il a absorbé comme une langue ou comme un accent la violence qui règne dans son monde d'enfants.

D'après mon père, la seule pathologie nouvelle que les pédo-psychiatres de France aient vu apparaître en trente ans, ce sont des enfants qui battent leurs parents. Même sous la forme extrêmement bénigne que j'ai subie, ce phénomène m'atterre. Le roman *Fight Club* prenait-il pour fiction et métaphore ce qui est une réalité bien tangible chez les moins de quinze ans ?

Nos enfants se battent entre eux, tabassent les plus faibles, frappent leurs parents.

Relisez cette phrase.

13. Soudain la paix

Et puis voilà qu'un beau jour, un peu avant
ses quatre ans, Marcello est devenu sage. Plutôt
qu'un jour, cela prit une semaine, mais le changement fut spectaculaire. Tout ce qui, depuis
plus d'un an, le mettait de mauvaise humeur, lui
devint subitement indifférent. Les bouderies
laissèrent place au sourire. À l'heure du bain, au
lieu de courir le plus loin possible, il se déshabil-
lait de lui-même. À l'heure du repas, au lieu de
réclamer une nouvelle partie de cartes, il s'instal-
lait devant son assiette. Toute demande fut
miraculeusement acceptée et suivie d'effet.
Jusqu'à l'apothéose de cette conversion, en
même temps que sa preuve la plus évidente : à
un bonbon que je lui refusais, au lieu de
fulminer, de taper du pied, de hurler ou de
geindre, il répondit par deux mots qui n'avaient

jamais franchi dans cet ordre ses lèvres : « Tant pis. »

Nous étions à Marseille pour fêter les soixante-dix ans de mon père. Nous résidions, comme d'habitude, chez mes beaux-parents. Notre précédent séjour, pour Noël, avait été épuisant ; galvanisé d'être loin de la maison, Marcello avait multiplié les incartades, prenant la famille à témoin de sa royale indépendance. Ses frasques avaient provoqué des discussions tendues entre parents et grands-parents. Pour ce retour en terrain hostile, nous nous attendions au pire. Ce fut le meilleur. Le petit coq se fit doux comme un agneau. Je soupçonnai d'abord qu'il me préparait une ruse nouvelle, qu'il poussait cette fois le vice jusqu'à vouloir me déstabiliser pour mieux ruer dans les brancards quand j'aurais baissé ma vigilance (oui, on dirait le scénario d'un film de gangster, mais je rappelle que j'étais épuisé par dix-huit mois de guérilla domestique). Rien de tel. Il fut un ange tout au long de cette semaine marseillaise. Et il garda ses ailes et son auréole après notre retour au bercail.

Quinze jours avant cette semaine historique, j'avais emmené Marcello en Italie, sur les terres familiales, en compagnie de mon père, et c'est à cette occasion que Pépé (ainsi le bon docteur

Verdiani se fait-il appeler par ses petits-enfants) avait dit « cet enfant ne sait pas obéir ». Quand je cherche à identifier les causes de la métamorphose (ou de la guérison, je ne sais) de Marcello, je me plais à penser que cette phrase a fouetté l'orgueil de mon petit champion, qui n'aime pas beaucoup « ne pas savoir faire » quelque chose. Que Marcello a compris qu'obéir n'était pas infamant (que moi-même j'avais obéi, et j'obéissais encore, à mon père), et qu'en désobéissant il provoquait des crises, des colères, de la souffrance, mais presque jamais des reculades de ses parents. Il a donc décidé de changer, car c'est un petit garçon d'une grande sagesse, qui préfère « au pire le meilleur, la bonne humeur à la tristesse, et le plaisir à la douleur », comme les forains des *Demoiselles de Rochefort*. Et comme son papa.

Quelque temps auparavant, j'avais fait une découverte stupéfiante au jardin d'enfants. C'était au parc parisien des Buttes-Chaumont, où Marcello n'avait jamais mis les pieds et où il ne connaissait donc personne. Au centre du jardin, un amoncellement de faux rochers. Le temps que je termine un coup de téléphone, je retrouve Marcello juché seul au sommet du monticule, racontant je ne sais quoi à des petits garçons médusés autour de lui. C'est là que j'eus cette révélation : mon fils est un *mâle alpha* ! À trois ans et quelques, il considère spontanément que la position dominante lui revient. Soudain, je comprends tout : pourquoi il veut toujours être le premier, et saisit toutes les occasions d'y parvenir – il ne laissera personne, par exemple, monter avant lui dans la voiture ou dans un escalier. Moi qui n'ai jamais éprouvé, aussi loin que remontent mes souvenirs, ce besoin d'occuper la place du chef, jamais ressenti le moindre désir de domination sur mes semblables, qui dans la compétition sportive hésite à gagner par crainte de faire de la peine à l'adversaire (si, si, c'est pathétique mais c'est vrai), qui n'accepte de commander que si tout le monde est d'accord, qui trouve les strapontins plus pratiques que les trônes, j'ai alors commencé à comprendre le malentendu entre Marcello et moi. En lui imposant constamment ce qui m'apparaissait, à moi, comme les contraintes de la vie en famille et en société, mais qui était reçu par lui comme l'expression de ma volonté personnelle, je lui demandais un effort terrible sur lui-même, celui de soumettre sa volonté à la mienne, un effort dont je ne percevais pas la violence parce que je n'avais pas le même caractère dominateur que lui. Et à rebours, en résistant si obstinément, en ayant recours aux pires félonies pour ne pas m'obéir, il m'infligeait une blessure dont il n'avait pas idée, car il ne pouvait pas imaginer que j'agissais non dans le but de lui imposer mon bon vouloir, mais par devoir envers lui et la société, et que ce devoir est une forme de l'amour que je lui porte. Bref, l'incompréhension normale entre le dirigeant et le dirigé se corsait d'une incompatibilité de nos sensibilités sur le chapitre précis de la domination et de l'obéissance. Nous ne pouvions pas nous comprendre.

Nous avons donc dû apprendre. J'ai appris à présenter les choses de la manière la moins offensante pour son orgueil, à estomper tout ce qui pouvait faire ressembler l'obéissance à une défaite pour lui et une victoire pour moi ; j'ai fait l'effort d'expliquer mes décisions, de montrer leur logique, de faire apparaître l'éventuel bénéfice pour lui ; mais j'ai aussi pris le pli – ce fut sans doute le plus difficile – de me braquer instantanément contre toute tentative d'insubordination pour ne pas me laisser déborder par une colère noire après cinq minutes de discussion. J'ai, enfin, tâché d'appliquer une maxime taoïste que m'avait révélée mon beau-père : la plus grande énergie ne doit pas être dans le geste, mais dans l'intention. C'est au moment où l'on donne l'ordre que l'on doit être le plus ferme, pas au moment où l'enfant commence à refuser.

De son côté, Marcello a compris que ses provocations pouvaient me jeter dans des états vraiment effrayants (il a fait des cauchemars toutes les nuits pendant six mois, et j'ai bien peur que mes éructations furieuses n'aient inspiré les monstres qui le réveillaient), que mon amour pour lui était blessé par ses refus et que, malgré toutes les difficultés que me causaient son attitude, je ne renoncerais pas à son obéissance.

Au moment où j'écris ces lignes, six mois ont passé, et Marcello est toujours le plus adorable des petits garçons, obéissant, conciliant, tendre, attentif. Une longue année de barricades a accouché d'une paix durable. Les belligérants ont appris à se connaître et à vivre ensemble, et nous filons le parfait amour. Parfois il a de brèves rechutes, généralement quand il est très fatigué, comme si par orgueil il voulait faire passer l'engourdissement de ses membres pour un refus d'obtempérer – ce qui me confirme dans l'idée que l'obéissance est pour lui un effort et pas un réflexe. Parfois j'oublie mes bonnes résolutions, et une provocation, une dérobade de Marcello me jettent dans des colères homériques. Nous nous réconcilions vite, et il est généralement le premier à proposer un câlin. Je pense aussi qu'il a reporté sa volonté d'en découdre sur ses copains, qui lui en font souvent baver avec leur inconstance et leur logique de bande. Avec papa, au moins, on sait à quoi s'attendre.

C'est pendant cette période où Marcello s'apaisa que Virgile, souriant bébé de presque un an, commença à marcher à quatre pattes. Bientôt il voulut toucher à tout, ne supporta plus qu'on l'habille, hurla à la moindre contrariété. La deuxième guérilla domestique allait commencer. J'étais prêt.

14. Des enfants et des écrans

Autant on trouve que les enfants ne lisent jamais assez, autant leurs rapports avec les écrans font l'objet en général de sévères restrictions, et au moins de lourds soupçons. Je n'ai jamais entendu parler d'une étude qui trouve des vertus à la télévision pour le développement des enfants. Le petit écran, c'est le diable, il faut empêcher le plus possible les enfants de s'en approcher. Mais on ne précise jamais ce qui est nocif :

Est-ce le mode de diffusion des images (hier des électrons projetés sur une plaque de verre, aujourd'hui de petites lampes qui s'allument et changent de couleur) ? Cela justifierait que l'on emmène plutôt les enfants au cinéma, mais aussi qu'on les protège des ordinateurs, dont les écrans fonctionnent de la même manière que la télévision. Or on installe (ou on essaie d'installer) des enfants devant des ordinateurs dès l'école primaire, sans leur faire porter de lunettes de protection.

Craint-on que la vue des enfants baisse ? Les recherches sur le sujet n'ont établi aucun lien entre la pratique des écrans et la myopie.

La fascination que ces images peuvent exercer ? Mais alors faut-il éloigner des jeunes esprits tout ce qui les fascine ? Y compris les jeux, les livres, les animaux, les voitures, les machines, les volcans, les insectes ? Leurs parents… ? Sans doute pas. Cette fascination est le début de la curiosité, qui est l'éveil de l'intelligence.

La bêtise ou la violence de certains programmes ? Certes, mais alors la télévision utilisée pour regarder en DVD un programme choisi devient inoffensive. Les études ne disent jamais si la télévision est nocive comme outil (l'écran) ou comme média (les chaînes), de même que les études sur la cigarette ne disent jamais si c'est le tabac, le papier ou les « agents de textures et de saveur » qui sont cancérigènes.

La passivité du spectateur ? Le spectateur d'un film ou d'un dessin animé n'est pas plus passif, et sans doute moins, que celui qui écoute une histoire lue par un adulte : son esprit doit analyser un grand nombre d'informations en même temps, associer le son et l'image, suivre le montage, décoder la représentation. Regarder un dessin animé développe incontestablement l'agilité de l'esprit, au moins autant qu'écouter une histoire.

La colonisation de l'imaginaire ? La colonisation de l'imaginaire s'appelle aussi la culture. Un enfant qui ne regarderait que les *Pokemon* aurait une culture pauvre, un autre qui connaîtrait aussi bien Miyazaki que Walt Disney, *Kirikou* ou *Foot 2 Rue* aurait une culture plus riche, et s'il avait déjà vu une comédie musicale, un Buster Keaton, un match de tennis et un documentaire animalier, il serait encore mieux outillé pour appréhender le monde contemporain.

Il est important de lire pour maîtriser la langue. L'audiovisuel est un autre langage, universel et contemporain, et rien ne permet de juger ce langage moins important que le verbe (surtout dans la maison du scénariste que je suis). Il est donc important de regarder des films. Surtout quand on ne sait pas encore lire.

Bien sûr, passer tout son temps devant un écran, de télévision ou d'ordinateur, donne mal à la tête (passer tout son temps à lire aussi, et des crampes à la nuque en plus), mais les enfants s'arrêtent d'eux-mêmes quand ils en ont assez, surtout s'ils ont la possibilité de s'occuper autrement. Et puis les écrans seront bientôt – sont déjà pour beaucoup d'entre nous – supports de textes autant que d'image. On ne pourra plus les diaboliser.

Naturellement, j'ai mené ces réflexions parce que Marcello est un grand consommateur de ce que nous appelons « des vidéos », terme qui a regroupé au fil du temps des dessins animés, des émissions pour enfants, des films ou extraits de films (à trois ans il adorait Jerry Lewis, Gene Kelly et *Les Demoiselles de Rochefort*), et le bric-à-brac de YouTube, où son papa dénichait les chansons aimées et leurs interprètes, des véhicules en tout genre (de dix-huit à quarante-deux mois Marcello a été passionné par tout ce qui roulait) et autres surprises. C'est aujourd'hui un enfant d'une grande maturité intellectuelle, curieux, plus instruit que la plupart de ses contemporains, doté d'une mémoire spectaculaire, d'un vocabulaire étendu et d'une acuité visuelle remarquable. Par ailleurs, il adore autant l'action physique (courir, sauter, lancer, se battre, taper dans un ballon) que le commerce d'autrui, adultes ou enfants – il n'est donc devenu ni une patate de canapé ni une huître solitaire. Je ne discerne en lui aucune conséquence négative de son goût précoce pour les écrans ; je pense même que douze mois à l'école, avec sa loi de la jungle, sa pression sociale, ses conceptions normatives, ont probablement eu des effets plus regrettables sur son intelligence pure que sa consommation régulière de dessins animés.

Aux environs de quatre ans, Marcello a aussi découvert les jeux vidéo. Sur les smartphones (d'amis) de ses parents d'abord, puis sur Internet (nous n'avons pas de console à la maison, car je ne suis pas adepte et Claire n'a plus le temps). Si je n'ai aucun doute que la culture audiovisuelle soit l'égale de la culture écrite, je ne crois pas – c'est une conviction personnelle – que la culture video-ludique (puisqu'on l'appelle ainsi) vaille la culture audiovisuelle, infiniment plus variée et discursive. En revanche, je suis certain que le jeu est indispensable au développement de l'enfant, qu'il en est même le moyen principal. Autant je suis sceptique sur l'intérêt pour un adolescent ou un adulte de passer des heures, manette en main, à tuer des zombies, à piloter des navires spatiaux ou à construire des empires (au lieu de le faire en vrai), autant je ne vois pas au nom de quoi on empêcherait des enfants de jouer. J'ai d'ailleurs souvent cette discussion avec Claire, qui voudrait que les jouets soient offerts avec parcimonie, pour en faire apprécier la valeur, alors qu'à mes yeux le jouet ne doit pas être confondu avec le cadeau. Les jouets, me semble-t-il, sont aussi nécessaires aux enfants que la nourriture, et donc, comme la nourriture et dans la mesure du possible, ils doivent être de bonne qualité, variés et adaptés à leur âge, et surtout généreusement dispensés. Je vois bien quels avantages il y a, pour développer l'invention et favoriser l'appropriation, à laisser l'enfant transformer en jouet des objets trouvés dans son environnement, au lieu de lui donner tout prêt un jouet standardisé. Mais comme, parmi les objets que mes enfants trouvent dans leur environnement, beaucoup sont à moi, je préfère leur offrir des toupies, des petites voitures ou des gommettes que les laisser jouer avec ma montre, mon téléphone ou mon ordinateur. Chacun ses jouets.

15. Numéro 2

Avant la naissance de Virgile, nous avions deux préjugés : que Marcello serait jaloux de lui (donc qu'il faudrait veiller à ménager la susceptibilité de l'aîné) et que le second recevrait sans doute moins d'attention que son frère, pour cause d'ancienneté. Ce fut, bien sûr, tout le contraire : Marcello n'a jamais manifesté pour son petit frère que les sentiments les plus tendres, même au plus noir de sa période agressive ; et Virgile s'est très bien débrouillé pour capter toute l'attention, au risque de nous faire négliger son frère.

L'un des bons moyens pour maintenir la vigilance des parents malgré le risque de routine – je le signale pour les bébés qui lisent ces lignes – c'est de ressembler physiquement à son aîné et de se comporter à l'opposé. Ce fut l'option choisie par Virgile. Jusqu'à un an, nous avions du mal à distinguer les deux frères, sur les photos prises au même âge. En revanche, il n'imita Marcello en rien. Ni sur le sommeil, ni sur la nourriture, ni sur la santé, ni sur le langage, ni sur la marche. Si bien qu'aucune des leçons du passé n'a pu nous servir jusqu'ici. J'appréhende avec quelque nervosité sa période d'opposition (sera-t-il plus méchant que son frère ? plus filou ? plus gentil ? et moi-même, parviendrai-je à garder mieux qu'avec l'aîné calme, fermeté et distance ?). D'autant que nous avons fait connaissance, Virgile et moi, au moment où je me disputais quotidiennement avec son grand frère. Et je dois avouer que la tendresse naturelle que le nourrisson inspire à son géniteur fut d'abord teintée, en cette deuxième occurrence, d'une certaine méfiance. Je me souvenais très bien de l'affectueux bébé que Marcello avait été avant de devenir le démon odieux qui me provoquait trois fois par jour. Je me souvenais très bien de ses adorables risettes et comment elles me faisaient fondre. Alors devant les adorables risettes fondantes de Virgile, j'avais, comment dire, une certaine réserve. Un infranchissable quant-à-soi. « Tu es un amour, petit Virgile, mais un jour tu vas devenir un monstre comme ton frère, alors excuse-moi si j'ai du mal à sympathiser à 100 % », pensais-je parfois *in petto.* Tantôt je le cajolais plus, dans le soupçon que la rébellion de Marcello me faisait payer quelque improbable déficit d'affection pendant ses premiers mois ; tantôt je retenais mes câlins, de peur de les regretter plus tard, quand le chaton serait devenu tigre féroce. Et lui, qui me voyait déverser sur son frère des colères homériques, devait se demander si le type qui lui changeait ses couches n'était pas un fou dangereux. Peut-être conscient qu'il faudrait faire des efforts, que ma bonne volonté n'était pas acquise, Virgile n'en fut que plus aimable. C'est devenu, de l'avis général, un petit enfant absolument charmant, souriant et joyeux. Et depuis que son frère s'est assagi, il n'y a plus de frein à ma tendresse pour lui – sauf les prémices parfois sensibles de sa propre explosion d'hostilité. Il a quinze mois au moment où j'écris ces lignes.

Mais naturellement rien ne peut me permettre d'anticiper sur la forme que prendra l'hostilité de Virgile, ni aucun des caps inévitables qui l'attendent dans son développement. Il existe une différence fondamentale entre un aîné et son cadet, à laquelle je n'avais pas prêté attention avant de l'avoir sous le nez. Le premier arrive dans une famille de deux personnes, sa mère et son père. Le second naît dans une famille de trois personnes, dont un autre enfant. La présence de cet autre enfant change tout : il constitue pour le petit un modèle plus accessible, plus séduisant que l'adulte, mais aussi un intercesseur avec le monde des grands. On croit souvent qu'entre frères le sentiment dominant est la rivalité, et nous avions ce cliché en tête lorsque Virgile s'est annoncé, mais en observant mes deux fils (moi qui n'ai pas de frère) je comprends que la solidarité, la complicité sont au moins aussi primordiales.

Autre préjugé : l'on redoute en général que le second peine à égaler le prestige du premier, que l'amour des parents soit moins fort de devoir se répéter, que la place soit moins bonne du fait d'être moins large. Plusieurs mamans m'ont confié, en attendant un deuxième enfant, qu'elles avaient peur de ne pas l'aimer autant que le précédent. Mais au contraire il existe un autre danger, dont on ne parle jamais, et dont nous ne nous sommes pas méfiés, nous les preux de l'héroïsme parental : la tentation de faire mieux avec le cadet qu'avec l'aîné. De réussir avec l'un là où l'on pense avoir échoué avec l'autre. De rattraper avec cette deuxième chance les erreurs commises la première fois. Loin des avantages présumés de sa naissance, l'aîné peut se retrouver alors en simple brouillon du cadet. Les différences de comportement entre frères vont s'interpréter en succès et en ratage des parents. Sans être parvenus jusqu'à cette extrémité, Claire et moi en avons senti la pente. Quelquefois, devant un problème que nous posait Virgile, notre première réaction a été « ne pas répéter la sottise fatale commise avec Marcello » ; parfois même nous avons attendu de pied ferme chez le deuxième le mal, la difficulté, le soubresaut que nous avions connus chez l'autre – et qui ne se reproduisirent jamais. Ce qui montre bien, s'il en est encore besoin, que l'éducation des enfants est vécue par nous, parents modernes, comme une épreuve à tous les sens du terme, de celles que l'on doit réussir, ce qui en alourdit très certainement le poids sur les épaules des enfants.

16. Eaux troubles

Lecteur innocent, au cœur pur, à l'âme trans-
parente, pétri de bonnes intentions, réfractaire à
la noirceur des sentiments, je dois te prévenir : le
chapitre qui suit contient quelques horreurs. Et
mes chers enfants, si vous tombez un jour sur ces
pages, ne les lisez pas avant d'avoir atteint un âge
assez avancé pour ne pas vous en effaroucher
(quand je serai mort, par exemple).

C'était au petit matin d'une nuit trop courte.
Hébété de fatigue, je changeais la couche de l'un
de mes garçons. J'avais couché le bambin sur le
dos, je dégrafai son pyjama d'un geste machinal,
je repliais sans gêne ses jambes sur son ventre,
j'approchais ma main de ses fesses… Et soudain
je fus frappé par un sentiment d'inquiétante
familiarité. Bien sûr j'avais déjà répété des
centaines de fois ces gestes sur ce bébé, mais dans

la lumière de l'aube, qui estompait la frontière entre conscient et inconscient, ils m'apparaissaient sous un jour nouveau. Penché sur ce corps dénudé, qui s'était laissé manipuler sans résistance et me présentait ses zones érogènes, je me retrouvais dans une position déjà connue en d'autres circonstances. Et, sans aller jusqu'à l'excitation sexuelle, loin de là, cette position réveillait chez moi une sensation agréable, un réflexe de bien-être. La proximité entre les soins au bébé et la sexualité m'apparaissait pour la première fois. Cette proximité a un nom : l'intimité. Jusque-là, dans ma vie d'adulte, je n'avais partagé cette intimité qu'avec mes partenaires de lit. Je la partageais désormais, et quotidiennement, avec deux petits garçons. Dans une période où « la vie de couple », comme l'on dit pudiquement, a tendance à souffrir du manque de sommeil et autres soucis collatéraux, cette proximité pouvait avoir quelque chose de troublant. J'ai la chance d'être un obsédé sexuel décontracté, et de ne craindre ni refouler aucune de mes pensées en la matière (j'ai bien dit mes pensées), ce qui me permet d'y faire face assez sereinement. Et puis je n'ai pas d'attirance ni de fascination pour le sexe des garçons ni leur anus.

Mais je me suis demandé comment cette intimité aurait pu évoluer si j'avais eu une fille.

Je n'ai pas d'attirance pour le sexe des garçons, mais je m'intéresse à celui des miens. Pas comme à un objet de désir : comme à un motif d'inquiétude (est-il assez grand ?) ou de fierté archaïque (ah ! comme il grossit bien !), ou encore sous un angle technique (faire pipi proprement est beaucoup plus difficile pour un garçon que pour une fille), c'est-à-dire du même œil que je considère mon propre pénis. Mais il serait faux de dire que je suis insensible au charme des garçonnets. Et pas seulement des miens. Je me souviens d'avoir tenu dans mes bras, au cours d'un voyage nocturne en voiture, un petit Gabriel endormi, et d'en avoir ressenti une profonde émotion, qui pour être de nature poétique et non pas sexuelle, n'en était que plus rare et plus forte. Contrairement aux petites filles qui sont pour l'essentiel, dans l'œil de l'homme hétérosexuel que je suis, des femmes miniatures, expertes dès l'âge le plus tendre dans la féminité qui leur serviront plus tard à séduire, les petits garçons appartiennent à un genre à part, auquel la virilité sera par la suite comme ajoutée. Et ce genre-là, joueur, insouciant, fragile, féroce, rêveur, est assez irrésistible à mes yeux. Quand je regarde mes deux garçons, je n'éprouve pas seulement la tendresse d'un père. Leur beauté m'éblouit, leur douceur me fait fondre, leur naïveté me bouleverse, leur intelligence me transporte. Il en irait de même s'ils n'étaient pas mes enfants, mais je ne m'autoriserais peut-être pas à le ressentir.

Une autre pensée embarrassante pourrait, peut-être plus aisément que la précédente, rencontrer un écho chez la plupart des parents. Elle me vint en constatant la place qu'avait prise dans ma vie, avec deux bébés successifs, un phénomène qui était tenu jusque-là dans une stricte marginalité : le caca. Son odeur, sa couleur et sa consistance, quelque indifférence de façade que je prétende y opposer, sont interprétés par mon cerveau de père comme autant d'informations sur la santé de mes petits, et produisent donc souvent des émotions positives, voire des sensations de bien-être, qui vont à rebours du dégoût recommandé par notre culture, et que l'on pourrait donc taxer, au sens strict, de coprophilie. (Une manie que, c'est juré, je ne cultive pas du tout par ailleurs.)

Au-delà du plaisir de proférer des insanités, je fais ces deux remarques pour montrer à quel point nos relations avec nos enfants sont corporelles, et à quel point elles remettent en cause le rapport qu'un adulte est censé avoir avec le corps. Cette intimité physique avec l'enfant, qui apparaît à la mère comme un prolongement naturel de la grossesse, se présente au père sous un aspect plus troublant. Il lui faut créer un paradigme nouveau, une case morale, une distance appropriée face à ce corps familier, qui n'est ni le sien ni celui d'un objet de désir, tout en étant aussi familier que le sien et aussi peu dérobé que celui d'un objet de désir consentant. Cette recherche de la bonne distance est une entreprise délicate, assez récemment imposée aux hommes (les pères des générations précédentes ne changeaient pas et ne lavaient pas leurs enfants, je crois), ce qui explique peut-être que la plupart des pères incestueux ne voient pas ce qu'il y a de mal à franchir la ligne de la tendresse.

J'ai évoqué plus haut les rages terribles auxquelles mon fils aîné Marcello m'a poussé pendant les dix-huit mois de sa rébellion systématique. J'ai dit la violence verbale où je me suis laissé aller, et que personne jusque-là ne m'avait mis autant en colère. D'un naturel émotif mais pondéré, je me suis certes disputé avec des amoureuses ou des amis, j'en ai voulu parfois à ma mère ou à ma femme, j'ai eu des mots avec quelques employeurs – mais je n'avais jamais atteint, et loin de là, de tels sommets de fureur. Et pendant l'hiver 2010-2011, c'est plusieurs fois par semaine que Marcello, trois ans et demi, 1 mètre 10, avec ses grands yeux et ses petites dents, sa volonté de fer et ses ruses de renard piégé, a fait surgir de moi une créature vociférante que personne d'autre n'avait vue et qui m'effrayait moi-même. L'issue de ces accès de colère était immanquablement pour moi des abîmes de désespoir, plus familiers ceux-là mais extrêmement fragilisants. Je ne supportais pas que mes relations avec un fils adoré soient secouées de crises si violentes et si douloureuses. Au contraire, je crois bien avoir constaté qu'elles provoquaient chez leur destinataire un certain apaisement. Après m'avoir poussé à bout, après m'avoir forcé à lui imposer ma volonté par la voix et le geste – avec quelle dépense d'énergie ! –, Marcello semblait satisfait. Il me semblait qu'il absorbait et transformait en calme yin toute la violence yang qui passait dans ma colère. Une fois où je l'engueulais pour avoir bravé et éclaboussé sa mère pendant le bain, je l'ai même vu bander sous l'avoine. Toutes observations qui tendaient à me rassurer un peu : tout cela était peut-être bénéfique, après tout, sinon pour moi, du moins pour lui.

Une fois constatées cette intimité physique, cette violence des sentiments dans nos rapports avec nos enfants, ou encore l'animalité qui y subsiste ou y resurgit, n'est-il pas difficile de distinguer l'amour que nous leur portons de l'amour que nous portons à nos compagnes ? Plus difficile que prévu ? Si je regarde honnêtement au fond de mon cœur (et sans être un spécialiste de l'amour auquel j'ai longtemps trouvé autant d'attrait qu'à la grippe) je ne trouve pas de différence essentielle entre le sentiment que je porte à mes enfants et celui que je porte à ma femme. Évidemment, si la culture occidentale chrétienne avait inventé plusieurs mots pour désigner ce qui unit Dieu à ses créatures, les créatures entre elles, l'homme à la femme et les parents aux enfants, la distinction serait peut-être plus facile à opérer.

Du moins pour nous, les pères. Car, une fois de plus, je pense que, en ayant porté ces êtres dans leur ventre, les mères créent d'emblée, de force pour ainsi dire, une autre catégorie. Les enfants ne sont pas tout à fait autrui, ce sont des morceaux d'elles. Pour nous les pères, ce sont des autres comme les autres, à une différence près qui n'est pas physique, pas charnelle, mais abstraite : ce sont mes enfants parce que leur mère me le dit, et puis ils portent mon nom, etc. Le genre d'amour que je suis autorisé (et fortement encouragé) à leur porter est aussi une construction abstraite, alors que la pente naturelle pourrait être tout autre – dévoration ou inceste. Cet amour-là est aussi un combat.

17. LES PAPAS ET LES PAPAS

Comme tous les jeunes pères de notre époque, qui partagent les tâches domestiques et les soins aux enfants, j'ai été prévenu : surtout, ne pas mélanger les rôles. L'enfant a besoin d'un papa et d'une maman, pas de deux mamans. D'une part, ça rend compliqué le soutien à la famille homoparentale, mais passons. D'autre part, je suis tout à fait d'accord pour appliquer cette précaution dans ma famille hétéroparentale. Sauf que je ne sais pas du tout comment faire : ma femme et moi avons des rôles strictement identiques au quotidien. À quelques détails près. C'est elle qui allaite et qui fait les courses (elle m'interdit de m'en occuper, elle veut choisir les ingrédients de sa cuisine). C'est moi qui joue à la bagarre et au ballon. Je me suis plus souvent levé la nuit, et j'assure les matins,

Claire va chercher les enfants le soir et les baigne. Je m'occupe du coucher de Marcello parce que Claire met Virgile au lit avec une tétée, mais après le sevrage, nous alternerons. À part cela, il n'y a entre nous que des différences de caractères, pas de genre. Ce sont des répartitions pratiques, qui prennent peut-être un sens aux yeux de nos enfants, mais qui évoluent et évolueront, et qui ne reposent sur aucune distinction théorique entre les rôles et les genres. J'ai donc conscience de ne pas respecter une recommandation pressante des spécialistes, et j'espère que les conséquences ne seront pas catastrophiques. Pour le moment, Marcello trouve que les princesses c'est nul, que le rose c'est pour les filles, et qu'il est un superhéros. Virgile imite son frère à peu près en tout. Il est clair que leur masculinité ne se modèle pas sur moi (je ne passe pas mon temps à sauver le monde, je suis trop occupé avec mes enfants – et d'ailleurs je porte volontiers du rose). Et pas sur leur mère non plus, qui est la femme la plus féminine du monde. Sommes-nous des parents transgenre ? Des parents *queer* ? Je ne sais pas, et j'espère que ce n'est pas aussi grave qu'on le laisse entendre…

Si j'avais pu choisir, j'aurais aimé être, au contraire, un papa à l'ancienne, lointain, qui laisse la marmaille aux femmes. Un papa qui revient du travail à l'heure du dîner, embrasse les enfants qui l'ont attendu avant de s'endormir, leur lit une histoire et contemple sur leurs visages le bonheur d'avoir un papa si gentil. Un papa tellement occupé ailleurs qu'il lui suffit d'apparaître pour soulever des hourras parmi sa progéniture, sous les yeux attendris de leur mère qui se trouve, pour un instant, consolée des fardeaux qu'elle porte seule. Un de ces papas qui n'ont qu'à surgir, une fois par semaine, pour rétablir l'ordre par quelques mots bien trempés, dont la force de loi n'est pas émoussée d'avoir trop servi. Un papa dont les absences renforcent l'image, comme les stars de cinéma qui savent se faire rares pour préserver leur prestige et leur impact sur les foules. J'ai un ami qui agit ainsi. Il laisse sa femme s'occuper des enfants jusqu'au bout de l'exaspération, et n'intervient toujours qu'en dernier recours, avec une efficacité évidemment cinglante. Comme ce doit être confortable.

J'aurais aimé être un papa copain. Celui qui invente avec rien les meilleurs jeux du monde. Celui qui plaisante tout le temps, celui avec qui les enfants rient sans arrêt, quitte à agacer souvent leur maman. Un papa grâce à qui les contraintes deviennent amusantes, et ce qui n'est pas amusant peut être repoussé à plus tard. Le parrain de Marcello est comme ça. C'est un homme assez grave dans la vie, un professeur de philosophie, mais dès qu'il est avec un enfant il oublie tout sérieux, tourne tout à la blague, et met immanquablement les petits dans sa poche, les étourdit de farces et de chatouilles, après quoi il peut leur enseigner sans peine les idéogrammes chinois ou le jeu d'échecs, ils sont tout ouïe, subjugués, conquis. Comme ce doit être gratifiant.

J'aurais aimé être un jeune papa. Finir de grandir en même temps que mes enfants poussent. Puiser dans les souvenirs tout frais de ma propre enfance de quoi éclairer la leur, vibrer des mêmes peurs et des mêmes joies qu'eux, sentir encore dans ma chair leurs pulsions et leur élan vital. Mais l'enfant que j'étais il y a quarante ans, tout le monde l'a oublié, même mes parents, même mes amis, même moi. Quand je pense à l'avenir de mes enfants, je pense à ma vieillesse et à ma mort. Heureusement, ma femme est (de onze ans) plus jeune que moi. Non seulement elle a plus d'années devant elle, mais elle a gardé de son enfance mieux que des souvenirs, une empreinte forte, grâce à laquelle elle ressent encore, presque intacts, l'excitation d'ouvrir un cadeau, le plaisir de manger une glace, la tristesse de se fâcher avec un(e) ami(e). Je crois que cela l'aide à comprendre nos enfants mieux que moi.

C'est comme ça : je ne suis ni un jeune papa, ni un papa rigolo, ni un papa lointain. Je suis un papa poule. Qui veille au grain en toute circonstance, déploie ses ailes protectrices à la première bruine, caquette doctement sur tous les événements de la basse-cour. Et, bien souvent, comme on l'a compris en lisant ce livre, je suis un papa poule qui aurait trouvé un couteau.

18. Que savons-nous de l'enfance ?

Une des grandes difficultés du métier de parent, c'est évidemment qu'il nous confronte à des êtres qui ne sont pas comme nous, sans nous en donner le mode d'emploi.

Cela commence avec le mystérieux monsieur Bébé. Une sorte de petit animal aussi proche de l'homme que du batracien, qui nous est livré avant finition et qui s'achève sous vos yeux pendant les douze premiers mois de son existence. Le système nerveux, la digestion, l'immunité, tout est en chantier. Il en va naturellement de sa survie, et ce petit tas de cellules en danger est installé chez vous, dans votre logis même pas médicalisé, confié à vos soins absolument incompétents. Non seulement vous ne savez pas du tout comment cet organisme fonctionne (même les pédiatres diplômés n'ont pas les idées très claires là-dessus), mais vous n'avez aucun moyen de communiquer avec lui. Et cela va durer douze mois environ. S'il parvient au terme de sa première année, l'enfant est réputé sauvé. Pendant ce temps, votre espérance de vie a reculé de dix ans. Mais votre rejeton semble enfin appartenir au genre humain : il parle et il marche. En êtes-vous plus avancé ? Nenni.

Devant le bébé vous vous sentiez incompétent, mais vous naviguiez à l'instinct, et heureusement l'engin est doté d'un pilote automatique pour franchir presque tout seul les turbulences de ses premiers mois. Mais, face à l'enfant, vous vous dites que vous devriez faire ceci et cela. Vous avez des idées sur l'éducation. Vos parents aussi ont des idées, et rarement les mêmes que vous. Et vos voisins, et le personnel enseignant, et vos frères et sœurs. Vous avez aussi des souvenirs d'enfance, plus ou moins véridiques. Vous n'êtes plus démuni, vous êtes noyé sous les principes et les préjugés. Mais que savons-nous vraiment de l'enfance, nous qui veillons sur celle de nos descendants ?

Nous avons tous été des enfants. Il y a plus ou moins longtemps. Se souvenir de son enfance n'est pas facile. C'est même douloureux pour beaucoup de gens. Pour moi, l'enfance est à la fois lointaine, à cause de mon âge, et brumeuse, par manque d'intérêt pour une période qui ne fut sans doute pas très heureuse.

Le peu qu'il m'en reste devrait m'aider à être un meilleur père. Je me souviens de quelques joies – la mer, le soleil, la liberté des journées sans horaire –, je me souviens de rares peurs, je me souviens surtout de chagrins. De chagrins devant l'indifférence des enfants et surtout l'injustice bornée et l'arbitraire des adultes. Ces chagrins d'enfant dont les adultes estiment avec condescendance qu'ils seront vite oubliés, ils sont pourtant toujours vivants dans ma mémoire. Ces chagrins dont on dit qu'ils sont les étapes de l'apprentissage de la vie, et qu'à ce titre il ne faudrait pas essayer de les éviter. Récemment, Marcello a été réellement déprimé parce que sa bande de copains de la maternelle a été scindée en deux à la faveur du changement de niveau. Son meilleur ami, Arthur, a été versé dans l'autre classe, s'est choisi un nouveau binôme, Octave, et a battu froid mon pauvre fils, son compagnon de l'année précédente. Marcello s'est retrouvé totalement impuissant devant cette trahison. Lui qui, jusque-là, avait toujours rayonné d'une joie de vivre parfois féroce, a traversé une dure période de tristesse, ponctuée de moments de déni, d'espoirs vains, d'éphémère indifférence. J'en ai souffert pour lui, j'ai cherché quoi faire pour alléger sa peine. Je soupçonnais depuis l'année précédente qu'Arthur, menteur et capricieux, entretenait une cour de chevaliers servants et d'admirateurs autour de lui. Marcello s'était cru le préféré, il l'a peut-être été, ou bien seulement le plus assidu. Sans doute même cette assiduité, dont il a pu supputer qu'elle lui vaudrait des privilèges, lui a-t-elle coûté en fait la place à laquelle il aspirait. J'aurais pu lui expliquer la situation, mais il était trop petit et trop épris pour comprendre, et, quand bien même, il aurait refusé de le croire. Touché profondément par cette déprime qui a duré trois mois (j'ai moi-même été dépressif entre vingt et trente ans), j'ai voulu en parler, à la maîtresse, à mon père, à ma belle-mère. J'ai toujours eu le sentiment que mes interlocuteurs trouvaient mon souci excessif, voire superflu. Bien sûr, je savais que je ne pouvais pas protéger mon enfant contre la cruauté de ses semblables, mais quel parent peut renoncer à adoucir cette épreuve lorsque son enfant la traverse ? Quel père ferait l'économie d'une parole réconfortante ? Eh bien, apparemment, tous les autres à part moi. Même ma femme, une fois élucidées les causes de la déprime de Marcello, prit le parti d'attendre que ce chagrin se dissipe de lui-même. Elle qui a pourtant tellement souffert à l'école, brimée par ses camarades. Peut-être trouvait-elle la mésaventure de Marcello beaucoup moins grave que ce qu'elle avait enduré elle-même (et c'est vrai). Peut-être n'avait-elle reçu alors, quand elle était la tête de Turc de sa classe, aucune aide des adultes. Mais moi qui ai toujours, dès ma plus tendre enfance, trouvé dans l'amitié la paix, la chaleur et la constance que la vie de famille et la vie amoureuse me refusaient, je trouvais que Marcello, à quatre ans et quelques mois, l'enfant le plus sociable du monde, le plus curieux d'autrui, était vraiment trop petit et trop vulnérable pour être laissé seul avec sa peine de cœur. Je lui ai donc expliqué ce que c'était qu'un ami, et qu'il fallait être assez mûr pour être un ami, et que lui était assez mûr (car il s'attache souvent, et avec beaucoup de tendresse et de loyauté, à des camarades choisis) ; mais que Arthur, visiblement, ne l'était pas. Il m'a fallu beaucoup de réflexion, d'introspection et d'enquête sur le terrain (la cour de récréation) pour parvenir à formuler ces mots ; mais je crois qu'ils l'ont aidé à accepter que son meilleur ami lui tourne le dos sans prévenir. Et j'assume tout le ridicule de cette histoire.

Comme cette anecdote le montre, nous faisons face à l'enfance de nos enfants avec ce qu'il nous reste de la nôtre. Claire, par exemple, essaie (avec succès en général) de reproduire dans la vie de nos fils les joies qui ont illuminé la sienne : rite du père Noël et des œufs de Pâques, fêtes d'anniversaire, surprises et gourmandise. Je pense aussi qu'elle a gardé de ses premières années le souvenir de peurs nombreuses et tenaces, qui la rattrapent encore quelquefois. Elle est donc aussi attentive aux peurs de nos enfants que je suis sensible à leurs chagrins. Comme mon père, qui est né pauvre pendant la Seconde Guerre mondiale, a toujours eu à cœur que nous ses enfants et petits-enfants « ne manquent de rien ».

Notre civilisation nous éloigne de l'enfance. Elle privilégie l'information, la virtualité, la sexualité contractuelle et l'expression des sentiments, refuse le risque et ne connaît la sensation que sous sa forme culturelle (la musique, le cinéma). Les enfants, eux, grandissent en utilisant leur imaginaire, en se lançant des défis, en expérimentant le monde par leurs sens. Leurs pulsions vont et viennent sans les gêner, et les sentiments sont pour eux des embarras de grandes personnes. Bien sûr ils baignent dans le langage comme nous, mais le langage, c'est d'abord des sons, comme me l'a expliqué mon petit Virgile, qui à quinze mois reproduisait aussi volontiers le bruit d'une fermeture Éclair que les mots « papa » et « maman ». Obnubilés que nous sommes par les adultes que nous voulons les voir devenir, quelle attention prêtons-nous à l'enfance de nos enfants ? Quand nous aimons nos enfants, les aimons-nous parce qu'ils sont des enfants ou parce qu'ils sont les nôtres ? Sommes-nous capables de prendre cette enfance comme elle se présente, sans la plier à nos préjugés ? L'ahurissante conspiration autour du père Noël me permet d'en douter. Malgré mon hostilité à cette forme de bizutage apparemment bienveillant, j'ai dû depuis des années mentir à mes neveux et nièces, puis à mes enfants, au nom d'une convention sociale inventée par des multinationales du jouet. Et l'argument principal de celles (les mères et les grands-mères) qui m'y forcent, c'est qu'il ne faut pas priver les enfants de ce rêve. L'hypocrisie le dispute au mépris dans cette justification. Hypocrisie de ces adultes qui jouissent de leur pouvoir sur les petits et de leur supposée crédulité ; mépris de leur intelligence, qui a vite compris que le bobard officiel est invraisemblable : mépris de leur honnêteté, qui s'offusque en silence de la tâche du mensonge sur la joie de la fête. Il est évident que s'il s'agissait seulement d'enchanter les nuits d'hiver d'un peu de merveilleux, la légende n'aurait pas besoin du mensonge. Ce vieillard à la barbe blanche, son traîneau volant, sa hotte, voilà bien assez de poésie. Nul besoin de prétendre, au mépris de toute vraisemblance, à la réalité de cette légende. À quoi et à qui sert le complot de la mystification ? Les enfants attendent de nous que nous les aidions à distinguer le réel de l'imaginaire, et nous attendons d'eux qu'ils évitent de mentir. Noël, fête familiale par excellence, est l'occasion choisie par le consensus social pour trahir ces deux pactes. Je me demande comment il faut comprendre ce paradoxe. J'y vois en tout cas la preuve que les adultes imposent aux enfants leur conception de l'enfance, une conception humiliante et incompréhensible, à laquelle les enfants se soumettent pour ne pas faire de peine à leurs parents.

Quand nous allons en Italie, ce qui nous arrive une fois par an environ, je respire : c'est un pays où l'on aime l'enfance des enfants, leurs caprices, leur désordre, leur gaieté irrespectueuse. Depuis l'âge de deux ans, Marcello dit très souvent, et spontanément, « bonjour » aux gens qu'il croise dans la rue. Il s'est inventé cette habitude, car ni sa mère ni moi ne faisons de même. En France, qu'il salue un adulte ou un enfant, on lui répond une fois sur cinq. En Italie (il a appris à dire « *Ciao* », « *Buongiorno* » et « *Mi chiamo Marcello* ») on lui répond toujours, et avec un sourire.

J'ai parfois l'impression qu'en France on n'aime pas beaucoup les enfants, aussi contestable que puisse paraître cette généralité. Et pourtant, les Français sont prolifiques, plus que les Italiens. C'est peut-être l'abondance d'enfants qui provoque la crispation de certains adultes – selon l'expression popularisée par Brice Hortefeux « c'est quand ils sont nombreux qu'il y a un problème ».

Il est, par exemple, de bon ton chez nous de déclarer que l'on aime ses propres enfants mais pas ceux des autres. Et même ses propres enfants, l'on est toujours plus fier de montrer que l'on ne s'en occupe pas trop, que d'afficher les soucis qu'ils nous causent. Dans le train ou l'avion les voyageurs adultes craignent par-dessus tout de devoir subir les pleurs des bébés ou les chahuts des jeunes. Quand le polémiste réactionnaire Éric Zemmour se permet de dire un jour, sur iTélé, « l'enfant est un sauvage, l'éducation est un dressage », il rallie de nombreuses opinions à cette horrible idée, raciste et haineuse, resurgie toute gluante d'un passé où les Blancs dressaient les peuples qui ne leur ressemblaient pas. Je me souviens d'avoir eu sur Facebook un long échange avec un monsieur très poli et bien intentionné qui essayait de me démontrer le bien-fondé de l'assertion zemourienne, et qui a fini par avouer qu'il n'avait pas d'enfant lui-même, mais qu'il voyait bien les dégâts du laxisme chez les enfants de ses amis. Le laxisme consistant, si j'ai bien compris, à traiter les enfants mieux que les animaux.

19. À QUOI SERT UNE FAMILLE ?

Aux interrogations des parents, qui, comme moi, cherchent à résoudre les problèmes que leur posent leurs enfants, on entend souvent des psychanalystes répondre que la clé est dans la peur qu'ont ces parents de n'être plus aimés, et dans leur sentiment de culpabilité. Je voudrais dire à ces psys que quand mes enfants désobéissent ou font des bêtises ou tombent malades, je ne me sens pas coupable. Je me sens dépassé. Je ne cherche pas à me faire aimer de mes enfants, car je pars du principe, sans doute naïf mais absolument inébranlable, que mes enfants m'aiment comme je les aime. Ce que je cherche, c'est à *bien faire*. Bien faire pour eux, pour moi, pour nous, pour notre famille, pour la société dans laquelle nous vivons, pour l'humanité dont nous sommes quelques grains de sable. Ce souci moral n'est d'ailleurs pas réservé à mes enfants, je l'ai avec tous mes semblables (et, si vous voulez savoir, c'est plutôt un handicap dans la vie) et, contrairement à ce que la pensée dominante voudrait nous faire croire, je ne suis pas absolument seul à le cultiver. Mais avec mes enfants le souci moral prend un tour plus cruel et plus grave : parce que j'ai plus de pouvoir sur eux que sur quiconque, et plus de responsabilité envers eux qu'envers la plupart de mes proches. Cela constitue un fort et lourd devoir. C'est l'accomplissement de ce devoir qui est une ascension himalayenne, au cours de laquelle j'appelle parfois à l'aide, je crains parfois de ne jamais y arriver, je regrette parfois de m'être lancé sans préparation sérieuse. Illusion ? Si l'on veut. Vanité ? D'accord. Mais la question morale est là et elle pèse, pour ceux qui se la posent, d'un autre poids que l'amour.

Un sondage récent révélait que « les deux tiers des parents estiment qu'ils manquent d'autorité ». C'est du moins ainsi que le formulait *Le Monde* dans son édition du 4 avril 2011, tandis que *Le Figaro* du même jour préférait titrer « 75 % des parents avouent être trop laxistes ». Au-delà du désarroi des parents ainsi révélé, on pourrait s'intéresser à l'écart entre les deux chiffres (deux tiers ne font pas 75 %), et avec plus de profit encore, aux différences sémantiques dans l'annonce du résultat : pour le quotidien de centre gauche, les parents « manquent » d'autorité, ils apparaissent comme démunis ; pour son confrère de droite les parents « avouent » leur laxisme comme une faute. Il y a donc, en France aujourd'hui, un enjeu politique autour de cette question qui pourrait paraître strictement privée. Il n'est pas très difficile de comprendre que la droite voudrait que la famille soit régie par l'autorité, comme elle aimerait que la société le soit. Et que la gauche voit dans les désordres familiaux le reflet, ou même la conséquence, des désordres sociaux.

N'est-il pas temps, alors, de se demander à quoi sert une famille ? Uniquement à éduquer les enfants afin qu'ils puissent s'intégrer à la société ? À transformer des enfants rebelles (pour ne pas dire « sauvages » comme Éric Zemmour) en adultes obéissants ? Et l'aptitude au dialogue, à l'écoute, à l'échange, au lien, au don, où vont-ils l'acquérir, si ce n'est dans leur foyer ? On sait bien qu'un enfant qui n'a pas reçu d'amour sera plus tard incapable d'en donner (ou incapable de s'en passer, selon les cas). Mais un enfant que l'on n'écoute pas, non seulement il cesse de s'exprimer, ou bien il hurle, mais, devenu adulte, saura-t-il écouter les autres ? Et dialoguer, croyez-vous qu'ils l'apprendront à l'école, dans des classes surchargées, pendant qu'on les gavera de programmes assommants ? Ou plutôt en s'exerçant à la maison avec des parents qui sauront et qui pourront faire l'effort de leur parler, de les écouter, de leur répondre, et d'écouter encore, et de répondre encore ? (Parce que le dialogue, voyez-vous, ce n'est pas un court échange de phrases au terme duquel vous avez toujours raison.)

Et si, au lieu – ou en sus – de préparer les enfants à la dureté, à la sécheresse, à l'inhumanité du monde, la famille devait apporter aux enfants tout ce que la société leur refuse et leur refusera toujours, tout ce dont les parents eux-mêmes rêvent en vain de bénéficier : la justice, la compréhension, la bienveillance, l'indulgence ? Quand on pense au nombre de gens qui sont obligés d'aller voir un psychothérapeute pour trouver une écoute bienveillante, on se dit que la famille, théoriquement constituée de gens réunis par un certain degré d'amour, devrait être, aurait dû être, le lieu de la bienveillance. Est-il fatal qu'elle ne soit que le foyer des névroses et des tragédies ? Ne peut-on pas tenter d'y déployer, un peu à l'abri du monde, des relations plus harmonieuses, plus pacifiques, plus indulgentes ? Bien sûr, nombre de lecteurs acquiesceront, avec un sourire compatissant pour mon incommensurable naïveté. Mais à ceux-là je dirai : alors au travail ! La justice, la compréhension, la bienveillance, l'indulgence, ne croyez pas qu'elles couleront de source par les mamelles de l'amour.

La justice. *A priori* la plupart des parents essaient d'être justes avec leurs enfants. Mais c'est tellement difficile ! Justes, les enfants le sont si peu eux-mêmes, ces petits monstres ! Et puis autour de nous, chaque jour, l'injustice montre ses griffes. Souvent au nom de la nature, comme si l'inégalité, qui est une donnée naturelle, suffisait à remettre en cause la justice, qui est une aspiration humaine. Alors de légers glissements en petits manquements, ne laissons-nous pas l'injustice et l'arbitraire entrer dans nos maisons et régner sur nos enfants ? Serait-il si utopique de vouloir (re)mettre ces fléaux à la porte ?

Il y a probablement un élan spontané à essayer de comprendre ses enfants. Mais cet élan est contrarié d'abord par la difficulté de la tâche ; ensuite par le soupçon, entretenu de toute part autour de nous, que les enfants ne cherchent qu'à tromper, abuser et manipuler leurs parents, et que la volonté de comprendre leurs demandes, leurs actes, leurs contradictions, leurs désordres, favorise immanquablement leurs noirs desseins, ou cache l'acceptation inconsciente d'être leur dupe. Pour la doxa contemporaine, un parent compréhensif ça n'existe pas, il n'y a que des parents faibles et naïfs. Chaque fois que j'ai essayé d'expliquer avec un peu de finesse le comportement de mes enfants à des tiers qui pouvaient s'y intéresser, j'ai vu passer dans leur regard l'ombre de la condamnation – alors que mon goût pour l'analyse psychologique a toujours été apprécié de ces mêmes auditeurs pour peu qu'il s'applique à des adultes. Tout se passe comme si les enfants n'avaient pas droit à la psychologie, alors même que les adultes ne cessent de s'en réclamer.

L'indulgence est la vertu que je vois la plus menacée dans l'éducation contemporaine. Mais que vaut l'amour s'il ne contient pas l'indulgence ? Et pas une indulgence consentie par force ou du bout des lèvres, mais une indulgence fière et généreuse. Je te pardonne tes bêtises mon fils parce que je suis ton père, et parce que personne ne te pardonnera rien dans ce monde sans pitié. Je t'écoute me donner des raisons très vaseuses à tes dérapages parce que si moi je ne t'écoute pas, qui t'écoutera ? Je te fais confiance pour que tu aies vu au moins une fois quelqu'un faire confiance, même si tu ne peux pas t'empêcher de décevoir cette confiance. Et je reconnaîtrai mes erreurs et je m'en excuserai, pour que tu saches que la vraie justice ne consiste pas seulement à punir le plus faible.

Je crois que la paternité a fait de moi un hippy. Papa poule est un baba cool.

POSTFACE

En relisant ces pages, je me rends compte que mon projet, qui était de raconter la paternité sous l'angle de la prise de tête, pourrait laisser croire que ces quatre premières années de sacerdoce n'ont été pour moi que souffrance et dilemmes. Bien sûr que non. Ces quatre années ont été remplies d'un sentiment nouveau et puissant, qui affleure j'espère entre les lignes : l'amour pour mes enfants. Et riches de bien d'autres satisfactions : voir notre couple résister à cette tempête, nos enfants croître et embellir, nos vies continuer leur cours malgré la sensation d'avoir été happés dans un trou noir. Mais quand on me demande quel plaisir j'ai pris jusqu'ici à ce nouveau chapitre de mon existence, je n'en trouve pas ; du moins aucun qui puisse être comparé aux plaisirs que j'ai connus auparavant, aux plaisirs de la chair, de la culture, de la gourmandise, des voyages ou de la nature. Et pourtant, pendant mes quarante premières années, la recherche du plaisir a été l'une de mes plus constantes motivations. Mais pas dans la paternité. Les plaisirs anciens s'y sont trouvés drastiquement rationnés, sans être remplacés par des plaisirs nouveaux, sinon peut-être quelques agréables sensations avec les bébés, leur peau douce, leur odeur délicieuse, leur rire communicatif. Avoir des enfants m'apparaît plutôt comme la révélation, longue et laborieuse, d'une autre dimension de ma condition d'homme, révélation sans laquelle j'aurais pu continuer à être parfaitement heureux, et peut-être même plus heureux. Une dimension où la recherche du plaisir personnel ne peut plus être favorisée, une dimension qui n'est viable, à mon avis, que si l'on privilégie, et de son plein gré, l'impératif moral. C'est en tout cas de cette manière que je m'y épanouis : par l'effort constant, extrêmement gratifiant en ce qui me concerne, de faire ce que je dois et d'agir pour le mieux, dans l'intérêt de mes enfants. Il ne s'agit pas de l'esprit de sacrifice, car si j'ai dû renoncer à bien des gratifications de l'existence, ce n'est pas dans ces renoncements que je trouve mon bonheur ;

au contraire je continue d'aspirer à retrouver ces joies. C'est dans l'effort même d'œuvrer constamment à la santé, à la sécurité, à l'épanouissement, au bien-être d'un autre que moi, et de le faire de mon plein gré, au maximum de mes possibilités, et sans en attendre aucune rétribution (ce qui me distingue du laquais). Telle est la récompense des soins que nous apportons à nos enfants : accéder à la grandeur de veiller gratuitement, quotidiennement et durablement sur autrui.

On me dit souvent que je m'occupe trop de mes enfants. Ceux qui me le disent le plus ouvertement sont d'ailleurs mes parents. Ils se sentent peut-être mis en cause par ce qu'ils considèrent comme mon choix. Grâce à ce livre, ils ne seront peut-être plus les seuls à me regarder comme un phénomène de foire.

Mais ce n'est pas « mon choix ». Je ne sais absolument pas faire autrement. Même si ce n'était pas mes enfants, même si quelqu'un avait oublié chez moi deux petits garçons ni aussi beaux ni aussi intelligents ni aussi adorables que les miens, je m'en occuperais autant, je veillerais sur eux, je me lèverais la nuit, je leur donnerais à manger ce que je connais de meilleur et je leur lirais des histoires en leur traduisant les mots compliqués. Alors les miens, et qui plus est, ceux de ma femme chérie ! Comment pourrais-je vivre au milieu d'eux en leur mégottant mon attention, en leur chipotant mes soins ? Ce n'est pas que je manque d'activités ou de centres d'intérêt dans la vie, soyons clairs ! Mais nous sommes programmés pour transmettre, et nos enfants sont l'aboutissement de cette prédestination (même s'il existe d'autres moyens de transmettre, les livres au premier chef). Reléguant toute métaphysique ancienne au rang d'élucubration plus ou moins astucieuse, la génétique nous a révélé le sens de nos vies : chacun d'entre nous, frères humains – et vous aussi, bêtes et plantes –, chacun de nous est le véhicule de ses chromosomes. Nous ne vivons que pour la perpétuation de ces combinaisons de gènes. Veiller sur nos petits, les protéger jusqu'à ce qu'ils soient à leur tour en âge et en mesure de se reproduire, ce n'est pas un devoir social ou moral, en réalité. C'est le fond même de notre nature d'être vivant. Ne pas avoir d'enfant, par choix ou nécessité, n'empêche pas d'être épanoui et ne constitue en aucune façon une faute contre l'espèce, cela va de soi. Mais le lien entre les adultes et les enfants (qu'il soit lien de sang ou d'une autre nature) est peut-être bien au cœur de notre condition humaine. Ça expliquerait pourquoi il s'y noue des nœuds si douloureux, pourquoi on s'y prend si fatalement les pieds, pourquoi le moindre pincement sur ce fil résonne si profondément en nous. Je me demande d'ailleurs pourquoi la psychologie, et sa forme la plus moderne, la psychanalyse, s'interrogent en priorité sur nos rapports avec nos parents, et si peu sur nos relations avec nos enfants – ou les enfants en général. Car, s'il y a un bénéfice à s'occuper de ses enfants (j'ai dit que je n'y prenais pas de plaisir *stricto sensu*, je n'ai pas dit que je n'en retirais rien), c'est celui de reprendre contact avec notre enfance, avec l'enfance sur laquelle nous nous sommes construits. C'est un bénéfice dont on peut tirer un profit immédiat : j'ai pris beaucoup de recul sur mes disputes avec Marcello quand j'ai constaté qu'elles naissaient presque toutes de deux traits de caractère. Il est têtu comme une mule et il n'aime pas faire ce qu'on lui dit. Deux traits de caractère si dominants chez sa mère (l'entêtement) et son père (l'indépendance) qu'il serait vraiment injuste d'en faire grief à leur descendant. Depuis que cette évidence m'est apparue dans toute son éblouissante clarté, je suis beaucoup plus détendu. Je conseille à tous les parents de procéder à ce rapide examen : ce qui vous agace chez vos enfants existe-t-il en vous ? En général, la réponse est « oui, massivement ».

Même ce qui différencie mes fils du petit garçon que j'étais m'éclaire sur ce que je suis. Et je pense qu'il y a pour chaque parent beaucoup à apprendre – pour autant que l'on veuille encore apprendre quelque chose à l'âge adulte – à s'occuper d'enfants de l'autre sexe ; je ne pourrai pas le vérifier, n'ayant pas de fille, mais je crois que ma femme, obligée de s'intéresser à des jeux, à des soucis, à des sensibilités de garçons, en sortira plus instruite sur la nature humaine et sur le genre masculin.

La confrontation, à travers ses enfants, avec notre propre enfance, constitue sans doute un élément de réponse à la question qui m'a conduit à écrire ce livre : « Pourquoi est-il si compliqué d'élever ses enfants ? » J'en entrevois d'autres. Élever ses enfants nous oblige à changer de dimension, à passer du plan de la relation conjugale au volume de la famille. Ce déploiement ne s'opère pas sans effort, craquement et dépense d'énergie. Quand on voit combien il est difficile, pour la plupart des gens, de vivre à deux, on ne peut pas prétendre vivre à trois, quatre ou cinq sans changer en profondeur. Mais bien sûr il ne s'agit pas de devenir une autre personne, pas plus que le papillon n'est étranger à la chenille qui le contenait. Il s'agit de devenir une version plus large de soi-même, en essayant de ne pas disparaître complètement dans l'opération. C'est du moins l'expérience que je pense avoir vécue et continuer à vivre. Avec difficulté et avec bonheur.

9 782709 637817